はじめての「通級指導教室」担当BOOK

Q&Aと
先読みカレンダーで早わかり！
通級指導教室運営ガイド

担当1年目を上手にがんばるために…
はじめに身につけたい基礎・基本！

笹森洋樹・大城政之 編著

明治図書

まえがき

通級による指導を受けている子どもが平成24年度7万人を超えました。制度化された平成5年度が1万2千人でしたから、この20年間に実に6倍近く増えていることになります。ここ数年は、毎年5千人ずつ増加しています。各地でたくさんの通級指導教室が新設されており、新たに通級による指導の担当になられた先生方もたくさんいます。この傾向はしばらく続きそうです。

それだけニーズは高くなっており、担当者は、小・中学校の通常の学級に在籍する特別な教育的支援の必要な子どもへの個別的な支援について、これからも重要な役割を担うことが期待されてきました。

特別支援教育コーディネーターと連携し、校内の特別支援教育を推進する役割、担任や保護者からの相談対応の担当、校内研修会の講師や事例検討会での助言者、外部の専門機関等の情報提供など連携のキーパーソン、管理職や養護教諭、生徒指導担当などと共に校内委員会の主力メンバーでもあります。

こんなことを書いていると「通級の担当者ってなんだか大変そう」「自分には荷が重い」などという声が聞こえてきそうです。

確かに学級担任等とは異なる専門性が求められる仕事ではありますが、はじめから誰でもうまく役割を担えるはずはありません。通級による指導にも、担当者としてはじめに身につけたい基礎・基本があります。

この本は、はじめて通級指導教室の担当になられた先生方に、「とりあえず頑張ってみよう！」と思っていただけるよう、基礎をやさしく解説するために企画しました。読めばすぐに専門性が身につくというものではありませんし、内容がすべての地域にあてはまるというわけではありませんが、はじめて通級指導教室の担当になられた先生方が、通級指導教室における1年間に見通しをもって指導していただけたらと考えています。

編著者を代表して

笹森　洋樹

もくじ

まえがき 3

第1章 通級指導教室の担当になったら絶対おさえておきたい基礎知識

1 通級による指導とは …… 8
2 通級による指導の対象となる児童生徒 …… 10
3 通級による指導の形態 …… 14
4 通級による指導の教育課程の編成 …… 15
　(1) 自立活動の指導の内容 …… 16
　(2) 教科の補充指導の内容 …… 18
　(3) 通級による指導で扱う指導時間数 …… 20
　(4) 指導の形態 …… 20
5 指導の開始及び終了の手続き、関係書類の作成 …… 22
　(1) 指導開始の手続き …… 22
　(2) 指導終了の判断と手続き …… 22
6 指導計画の立案、実践と評価について …… 24
7 在籍校・学級担任等及び保護者との連携 …… 26
　(1) 在籍校・学級担任等との連携の工夫 …… 26
　(2) 在籍学級における指導とのつながり（連続性）について …… 27
　(3) 保護者との連携の留意点、工夫点 …… 27
8 関係機関との連携 …… 28

Contents

第2章 はじめての通級指導教室 12か月の運営ガイド

4月 …… 30
5月 …… 32
6月 …… 34
7月 …… 36
8月 …… 38
9月 …… 40
10月 …… 42
11月 …… 44
12月 …… 46
1月 …… 48
2月 …… 50
3月 …… 52

第3章 先輩に学ぶ！ 教室運営Q&A

Q1 子どもの実態把握はどのようにしたらよいでしょうか …… 56
Q2 指導目標、指導内容はどのように決定したらよいですか …… 58
Q3 個別の指導計画の作成ではどのようなことを重視したらよいですか …… 60
Q4 教育課程はどのように編成したらよいでしょうか …… 65
Q5 自立活動はどのように指導したらよいでしょうか1 …… 67
Q6 自立活動はどのように指導したらよいでしょうか2 …… 72
Q6 教科の補充指導はどのようにしたらよいでしょうか1 …… 74
Q7 教科の補充指導はどのようにしたらよいでしょうか2 …… 76
Q7 個別指導ではどのようなことに気をつけたらよいでしょうか …… 78

5 もくじ

- ●就学時の健康診断について　45
- ●LD学会とは　93
- ●疑似体験プログラムとは　103
- ●通常の学級や特別支援学級との違い　121
- ●通級担当としてやりがいを感じるとき・1　54
- ●行動療法とは　93
- ●通級担当としてやりがいを感じるとき・2　120

break

- Q8 小集団指導はどのように進めたらよいでしょうか ……… 80
- Q9 教材・教具を工夫するポイントを教えてください1 ……… 82
- Q10 教材・教具を工夫するポイントを教えてください2 ……… 84
- Q11 指導の評価はどのようにしたらよいでしょうか ……… 86
- Q12 通級による指導の終了はどう判断したらよいでしょうか ……… 88
- Q13 担当者としての専門性を高めるにはどんなことをしたらよいでしょうか ……… 91
- Q14 子どもの実態や指導について保護者との共通理解はどう図ればよいでしょうか ……… 94
- Q15 保護者に指導の様子を伝えるときのポイントを教えてください ……… 96
- Q16 保護者との関わりではどんなことに気をつけたらよいでしょうか ……… 99
- Q17 保護者向けにどのような活動をしたらよいでしょうか ……… 101
- Q18 子どもの実態や指導について担任との共通理解はどう図ればよいでしょうか ……… 104
- Q19 通級での指導を在籍学級で生かす工夫を教えてください ……… 106
- Q20 担任との話し合いで重視するのはどのようなことですか ……… 108
- Q21 校内支援体制ではどのような役割を果たしたらよいでしょうか ……… 111
- Q22 外部の関係機関との連携はどのように図ればよいでしょうか ……… 115
- ◆おススメの書籍　118
- 地域の小・中学校への支援はどのように進めたらよいでしょうか ……… 122
- ◆通級指導教室の指導でおススメ教材　123

第1章 通級指導教室の担当になったら絶対おさえておきたい基礎知識

担当者ならおさえておきたい！通級指導教室についての法令や流れをビシッとコンパクトに学べます。

1 通級による指導とは

通級による指導とは、小学校、中学校の通常の学級に在籍している、言語障害、情緒障害、弱視、難聴などの障害がある子どものうち、比較的軽度の障害がある子どもに対して、各教科等の指導は主として通常の学級で行いつつ、個々の障害の状態に応じた特別の指導を通級指導教室のような特別の指導の場で行う教育形態です。

平成5年に、「通級学級に関する調査研究協力者会議」の答申を受け、学校教育法施行規則が改正され正式な制度としてはじまりました。

各教科の指導は、主として通常の学級で行いつつ、個々の障害の状態に応じた特別の指導を行うというのが通級による指導を行うのです。つまり、学習のほとんどを通級指導教室のような特別の場で学習する場合は、特別支援学級と同じ位置づけになり、通級による指導ではありません。小学校、中学校に在籍する障害のある子どもでも、通常の学級における配慮指導で大丈夫なのか、通級による指導が必要なのか、特別支援学級での指導の方がよいのか、適切な教育形態についての判断は難しい面もあります。

在籍している学級の授業を受ける代わりに、障害の特性に応じた個別的な指導を受ける通級による指導ですが、学級での学習活動が難しい子どもをすぐに教室から取り出し、別の場所で指導したり、学習の遅れを取り戻す補習をするために多くの時間を個別的に指導したりすることは、同じ個別的な指導でも通級による指導とは少し違います。

通級による指導を受ける児童生徒は、その指導が適切かどうかの判断が必要であり、個別の指導計画に基づいた計画的、系統的な指導により、在籍している学級でも適応状態が安定するなどの教育効果をあげることが求められます。

担当になったら担任や保護者にもわかるように、通級による指導の説明ができるようにするため、まずは、制度上の位置づけから見ていきましょう。

第140条　小学校若しくは中学校又は中等教育学校の前期課程において，次の各号のいずれかに該当する児童又は生徒（特別支援学級の児童及び生徒を除く。）のうち当該障害に応じた特別の指導を行う必要があるものを教育する場合には，文部科学大臣が別に定めるところにより，第50条第1項，第51条及び第52条の規定並びに第72条から第74条までの規定にかかわらず，特別の教育課程によることができる。

　一　言語障害者
　二　自閉症者
　三　情緒障害者
　四　弱視者
　五　難聴者
　六　学習障害者
　七　注意欠陥多動性障害者
　八　その他障害のある者で，この条の規定により特別の教育課程による教育を行うことが適当なもの

第141条　前条の規定により特別の教育課程による場合においては，校長は，児童又は生徒が，当該小学校，中学校又は中等教育学校の設置者の定めるところにより他の小学校，中学校，中等教育学校の前期課程又は特別支援学校の小学部若しくは中学部において受けた授業を，当該小学校若しくは中学校又は中等教育学校の前期課程において受けた当該特別の教育課程に係る授業とみなすことができる。

（学校教育法施行規則）

通級による指導の制度的な位置づけについては、学校教育法施行規則第一四〇条及び第一四一条に示されています。

学校教育法施行規則には、通級による指導では、特別な教育課程による教育ができること、他の小学校、中学校、中等教育学校の前期課程又は特別支援学校の小学部若しくは中学部において受けた授業を、特別の教育課程に係る授業とみなすことができると示されています。

条文の中の第五〇条第一項、第五一条及び第五二条の規定並びに第七二条から第七四条までの規定とは、小学校、中学校の通常の教育課程の編成について示された部分です。つまり、通級による指導では、その規定にかかわらず、通常の教育課程に加えたり、あるいは、その一部に替えたりする等して、特別の教育課程による教育ができるということです。

では、通級による指導が必要であると判断されるのは、どのような児童生徒のことをさすのでしょうか。

2 通級による指導の対象となる児童生徒

平成5年度の制度化の際、指導の対象は、小学校、中学校の通常の学級に在籍する、言語障害や難聴、情緒障害、弱視、肢体不自由、病弱などのある児童生徒のうち、比較的軽度の障害がある児童生徒を対象とされました。

その後、平成18年4月に施行された「学校教育法施行規則の一部を改正する省令」により、第一四〇条に対象となる児童生徒が示されています。新たに学習障害者、注意欠陥多動性障害者が通級の対象として加えられました。また、これまで情緒障害者としてまとめられていた自閉症者と心因性の情緒障害者が分類されました。これらの中で、第八号その他障害のある者については、肢体不自由、病弱及び身体虚弱をさすことが、「障害のある児童生徒の就学について（通知）」（平成14年5月）に示されています。これにより通級による指導の対象は、言語障害、自閉症、情緒障害者、弱視、難聴、学習障害、注意欠陥多動性障害、肢体不自由、病弱・身体虚弱の児童生徒となっています。

知的障害については、個々の知的発達の遅れなどを考慮して、例えば、知的障害者である子どもに対する教育を行う特別支援学校の各教科を取り入れた特別の教育課程を編成するなど、発達段階に応じた個別的な指導が効果的であることなどから、特別支援学級において日常生活につながる教育を受けることが適切であると考えられるため、通級の対象にはなっていません。

また、小学校、中学校の通常の学級に在籍する子どものうち、これらの障害の状態の改善又は克服を目的とする特別の指導が必要とされる子どもが対象になりますので、特別支援学級や特別支援学校に在籍する子どもについても通級による指導の対象とはなりません。

通級の対象となる障害の種類とその程度については、「障害のある児童生徒の就学について（通知）」（平成14年5月）及び「通級による指導の対象とすることが適当な自閉症者、情緒障害者、学習障害者又は注意欠陥多動性障害者に該当する児童生徒について（通知）」（平成18年3月）「障害のある児童生徒等に対する早期からの一貫した支援について（通知）」（平成25年10月）において、次ページのように示されています。

言語障害者
口蓋裂，構音器官のまひ等器質的又は機能的な構音障害のある者，吃音等話し言葉におけるリズムの障害のある者，話す，聞く等言語機能の基礎的事項に発達の遅れがある者，その他これに準じる者（これらの障害が主として他の障害に起因するものではない者に限る。）で，通常の学級での学習におおむね参加でき，一部特別な指導を必要とする程度のもの

自閉症者
自閉症又はそれに類するもので，通常の学級での学習におおむね参加でき，一部特別な指導を必要とする程度のもの

情緒障害者
主として心理的な要因による選択性かん黙等があるもので，通常の学級での学習におおむね参加でき，一部特別な指導を必要とする程度のもの

弱視者
拡大鏡等の使用によっても通常の文字，図形等の視覚による認識が困難な程度の者で，通常の学級での学習におおむね参加でき，一部特別な指導を必要とするもの

難聴者
補聴器等の使用によっても通常の話声を解することが困難な程度の者で，通常の学級での学習におおむね参加でき，一部特別な指導を必要とするもの

学習障害者
全般的な知的発達に遅れはないが，聞く，話す，読む，書く，計算する又は推論する能力のうち特定のものの習得と使用に著しい困難を示すもので，一部特別な指導を必要とする程度のもの

注意欠陥多動性障害者
年齢又は発達に不釣り合いな注意力，又は衝動性・多動性が認められ，社会的な活動や学業の機能に支障をきたすもので，一部特別な指導を必要とする程度のもの

肢体不自由者，病弱者及び身体虚弱者
肢体不自由，病弱又は身体虚弱の程度が，通常の学級での学習におおむね参加でき，一部特別な指導を必要とする程度のもの

（文部科学省「障害のある児童生徒等に対する早期からの一貫した支援について（通知）」平成25年10月より）

なお、肢体不自由者、病弱者及び身体虚弱者については、他の障害とは異なり、必ずしも通級による指導が一般的とは言えないことから、その必要性については慎重な判断の下に行う必要があります。

どの障害についても、通常の学級での学習におおむね参加でき、一部特別な指導を必要とする程度のものとされています。これは、小学校、中学校の通常の教育課程に加えたり、あるいはその一部に替えたりする等して、特別の教育課程による教育ができるということですから、通常の学級で教育を受けることを基本としているためです。

通級の対象かどうかの判断は、校内委員会で検討すると共に、専門家チームや巡回相談を活用して、十分な客観性をもって判断する必要があります。特に、学習障害（LD）や注意欠陥多動性障害（ADHD）のある子どもの場合には、通常の学級での配慮や工夫により対応が可能な場合も多くあります。診断があれば必ず学級で不適応状態になるわけではないことから、通級の対象か否かについては、医学的な診断のみにとらわれず総合的に判断することが留意すべき事項として大切です。

通級指導教室は、単一の障害を対象とするのが基本ですが、指導する教員が2つ以上の障害について指導できる専門性を有している場合には、1人の教員が2つ以上の障害について指導を行うことができると認められています。つまり、言語障害を専門とする通級担当が、共にコミュニケーションに課題のある言語障害の子どもと学習障害の子どもについて、指導できる専門性を有していれば、言語障害通級指導教室において、学習障害（LD）のある子どもを指導することができます。また、集団活動により円滑な対人関係を育てるために、小集団指導などを取り入れる際、指導のねらいや目標が合致し、効果が得られると判断できる場合は、自閉症と注意欠陥多動性障害（ADHD）など、2つの異なる障害のある子どもが同じ場面で指導を受けることも考えられます。

通級指導教室は、すべての小学校、中学校に設置されているわけではありませんから、設置されていない小学校、中学校に在籍している子どもの場合は、他の学校に設置された通級指導教室等で指導を受けることも考えられます。また、通級による指導の担当教員が巡回して指導を行う形態も考えられます。

学校教育法施行規則第一四一条をもう一度見てみましょう。

学校教育法施行規則　第141条

前条の規定により特別の教育課程による場合においては，校長は，児童又は生徒が，当該小学校，中学校又は中等教育学校の設置者の定めるところにより他の小学校，中学校，中等教育学校の前期課程又は特別支援学校の小学部若しくは中学部において受けた授業を，当該小学校若しくは中学校又は中等教育学校の前期課程において受けた当該特別の教育課程に係る授業とみなすことができる。

check!

自閉症

自閉症又はそれに類するもので、通常の学級での学習におおむね参加でき、一部特別な指導を必要とする子どもは、通級による指導の対象とすることが考えられます。

自閉症のある子どもは、対人関係の強さ、切り替えの難しさなどの特性があり、学習上、生活上に様々な困難さを抱えています。

コミュニケーションの問題、こだわりの強さ、切り替えの難しさなどの特性があり、学習上、生活上に様々な困難さを抱えています。見通しがもてないことに対する不安が強く、新しいことや場面への対応が難しいことがよく見られます。また、興味や関心の幅が狭く、何かにこだわると切り替えることが難しい面もあります。コミュニケーションの面では、自分の思いを相手に伝える意識が弱かったり、相手の気持ちを推し量ることが難しかったりもします。学校生活は、毎日授業の内容も変わるなど生活上の変化も多く、先の見通しがもちにくい中では、まわりの状況を的確に把握することなどにも難しさがあります。

そのため、やる気の問題や努力不足等との見方から、無理強いによる失敗経験を積み重ねることで、自信や意欲の低下を招いてしまいがちです。

見通しのもてる安心できる居場所、安定した人間関係への配慮が必要であり、具体的にわかりやすい指示・教示を心がけることが大切です。円滑なコミュニケーションがとれるための社会的技能習得や対人関係を維持するための社会的ルールの理解などの社会的適応能力を高める指導が重要になるでしょう。

学習障害（LD）

全般的な知的発達に遅れはないが、聞く、話す、読む、書く、計算する能力のうち特定のものの習得と使用に著しい困難を示すもので、一部特別な指導を必要とする子どもは、通級による指導の対象とすることが考えられます。

LDの特性のある子どもは、指示を聞いて、課題は理解することができても、実際に読んだり、書いたり、計算したりなどの学習が難しく、失敗経験がとても多くなります。

できることと難しいことのアンバランスさが大きいことが特性であり、難しい理由がまわりに理解されないことが多く見られます。そのため、やる気の問題や努力不足こととも多く見られます。また、自分勝手な振る舞い、じゃまをする状況になることから、友だちとのトラブルが多く、関係がうまく保てません。指示が聞けない、ルール

聞くことの指導、話すことの指導、読むことの指導、書くことの指導、計算することの指導、推論することの指導の他、得意なことや苦手なことに対する自己理解を促す指導、対人関係やコミュニケーション能力を高める指導も重要になってきます。

注意欠陥多動性障害（ADHD）

年齢又は発達に不釣り合いな注意力、又は衝動性・多動性が認められ、社会的な活動や学業の機能に支障をきたすもので、一部特別な指導を必要とする子どもは、通級による指導の対象とすることが考えられます。

ADHDの特性のある子どもは、不注意、多動性、衝動性に関する行動上の特性が多くなります。自分の気持ちや行動をコントロールしきれずに、無意識にとった行動が、問題となる行動につながってしまうことも多く見られます。不注意な誤りや早合点が多いために、生活面や学習面において失敗経験

や約束が守れないことで、注意や叱責をされることも多くなります。結果として、自己肯定感がもてず、自己評価が下がってしまいがちです。

不注意による間違えを少なくする指導や多動性、衝動性をセルフコントロールできるための指導の他、対人関係やコミュニケーション能力を高める指導、自分の特性に対する自己理解を促す指導も重要になるでしょう。

3 通級による指導の形態

小学校、中学校に設置された通級指導教室で指導を受ける「自校通級」、他の学校に設置されている通級指導教室に通って指導を受ける「他校通級」、そして、子どもが在籍している学校に通級による指導の担当教員が訪問して指導を行う「巡回による指導」などがあります。

指導は、教科指導等は在籍している学校で受けながら、その障害に応じた特別の指導を受ける通級指導教室のような特別の指導の場で受ける教育形態ですが、特別の指導の場は、必ずしも通級指導教室に限らず、特別支援学級がその役割を果たすこともできます。また、学校教育法施行規則第一四一条にも示されているように、特別支援学校においても他校通級として指導を実施することにどうしても違いが出てきます。

指導の制度化に係る通達である「学校教育法施行規則の一部改正等について（通達）」の3留意事項(9)には、「教員が、本務となる学校以外の学校において通級による指導を行う場合には、当該教員の身分取扱いを明確にすること」と示されています。本務となる学校以外の学校において指導を行う、いわゆる巡回による指導の一形態と考えることができます。ただし、そ

の場合には、教育委員会において、複数校兼務の兼務発令を行ったり、非常勤講師の任命を行ったりするなどして、指導を行う学校における担当教員の身分扱いを明確にしておく必要があります。

同じ通級による指導でも、自校通級、他校通級、巡回による指導では、指導時間や通級のために要する時間の問題、通級担当指導教室で指導を受けるなど単位時間ごとに指導時間を設定できるなど柔軟性をもたせることができます。通級担当も日頃から校内にあるため、例えば、3時間目は通級指導教室で指導を受けるなど単位時間ごとに指導時間を設定できるなど柔軟性をもたせることができます。通級担当も日頃から校内にあるため、例えば、3時間目は通級指導教室で指導を受けるなど単位時間ごとに指導時間を設定できるなど柔軟性をもたせることができます。

自校通級の場合は、通級指導教室が同じ通級する児童生徒の学校生活の様子が観察できたり、学級担任と日頃から情報交換をしやすいというメリットがあります。デメリットとしては、通級を逃げ場としてしまう子どもがいたり、小学校高学年になると途中で教室とは別の場所で学習することに抵抗感を抱いたりする場合もあります。また、単位時間と同じ時間帯に複数の子どもで小集団指導を計画する際に、指導時間

小学校学習指導要領又は中学校学習指導要領解説（総則編）では、通級による指導において特別の教育課程を編成する場合に、「特別支援学校小学部・中学部学習指導要領を参考とし、例えば、障害による学習上又は生活上の困難の改善・克服を目的とした指導領域である『自立活動』の内容を取り入れる」などとして、実情に合った教育課程を編成することが必要であることが示されています。

障害のある幼児児童生徒は、その障害により日常生活や学習場面において様々なつまずきや困難が生じることから、小・中学校等の幼児児童生徒と同じように心身の発達の段階等を考慮して教育するだけでは十分とは言えません。そこで、特別支援学校の学習指導要領において、各教科等の他に個々の障害による学習上又は生活上の困難を改善・克服するための指導領域として設けられたのが自立活動です。ただし、特別支援学校で教育を受ける児童生徒と通級による指導の対象となる児童生徒では、障害の種類や程度、状態等が異なるため、自立活動の内容を参考にしながら、通級する児童生徒の実態に応じて指導内容を考えるこ

の調整が難しい場合も出てきます。

他校通級の場合は、朝から通級指導教室で指導を受けたり、放課後に指導を受けたりする場合が多く、授業の途中で出たり入ったりすることへの負担感は少なくなります。自校で起きたトラブルや不安定な気持ちを通級指導教室にそのまま引きずらずに、一度学校を離れることでちょっとした気持ちの切り替えができることもあります。自校での友だち関係がうまくいかない場合でも、通級指導教室で違う学校から通う友だちができるなどのメリットもあります。しかし、指導時間に柔軟性をもたせることは難しいため、決められた授業にいつも参加できない状況になったり、通級指導教室を設置している学校が違うため話し合いの時間を計画的に調整する必要があること等がデメリットになります。

巡回指導の場合は、子ども自身に他校通級のような通学に関する負担はありませんが、自校通級と同様のデメリットは考えら

れます。しかし、巡回指導は、教室とは別の場所での個別指導だけでなく、通級担当が在籍学級に入り学級担任と一緒に指導を行うこともできます。通常の学級集団の中での指導等も工夫することで、他の子どもの理解を促し関係づくりを行ったりすることも可能になります。また、通級の対象となる子どもが在籍する学校の教職員に対して、教育相談を受けたり、直接的な助言をしたりすることもできます。

それでは、特別の教育課程による特別の指導とは、いったいどのような指導をすればよいのでしょう。

4 通級による指導の教育課程の編成

通級による指導の特別な教育課程による教育の内容に示されているのは、障害の状態の改善・克服を目的とする指導である特別支援学校の「自立活動に相当する内容を有する指導」と、障害に応じて「各教科の内容を補充するための指導」です。

とになります。

改訂された学習指導要領解説自立活動編には、自立活動の内容の解説と共に、様々な障害に応じた指導の内容の例示がされているので参考になります。

また、各教科の内容を補充するための指導とは、在籍している小学校、中学校の教育課程に基づく学習内容をそのまま指導するということではありません。障害の状態に応じた特別の補充指導であり、単に教科による学習の遅れを補填するために指導に取り組めるようにするための指導と考えられます。したがって、在籍学級で取り組むことが難しい学習内容を、在籍学級で学習する替わりに、すべて通級による指導で学習するということは、本来の通級による指導の趣旨にはそぐわないと考えられます。

(1) 自立活動の指導の内容

自立活動の指導の内容は、人間としての基本的な行動を遂行するために必要な要素と、障害による学習上又は生活上の困難を改善・克服するために必要な要素で構成されています。内容は、「健康の保持」「心理的な安定」「人間関係の形成」「環境の把握」「身体の動き」「コミュニケーション」の6区分26項目に分類・整理されています（P19参照）。

自立活動の指導は、学習指導要領の自立活動の内容に示してある項目をすべて取り扱うのではなく、子どもの実態に応じて必要な項目を選択して行います。個々の子どもの実態は多様であり、その実態をふまえて、指導の内容も個別に設定することになります。具体的な指導内容については、6区分26項目の中から必要とする項目を選定し、それらを相互に関連づけて設定します。1つの指導目標を設定したとしても、目標を達成するためには、指導内容が複数の区分や項目に該当する場合も出てきます。これらの複数の区分や項目を組み合わせて具体的な指導内容を検討する必要があります。

例えば、対人関係や社会性に困難のある自閉症等の発達障害のある子どもの場合は、「人間関係の形成」の内容だけを指導すればよいのではなく、対人関係の困難の背景には、「心理的な安定」や「環境の把握」「コミュニケーション」などの区分に示された内容とも深く関連していることを念頭に置きながら、指導内容を設定して

いくことに留意する必要があります。

発達障害のある子どもの特性に応じた指導の基本は、間違えやすくできないことに気づかせるだけでなく、正しいこと、できるための方法を具体的に、そしてていねいに教えていくことです。適切な自立に向けての自己理解を図れるようにし、社会的な自立に向けての自己解決能力を身につけさせていくことです。学習面の指導を考える際は、どうしてもできていないこと、うまく取り組めていないことに注目しがちになります。苦手なことに対する意欲を高めるためには、できていることを認め、得意な面をうまく活用して

指導を行うことが大切です。行動面の指導では、注意や叱責により改善していくことは難しいという前提に立ち、適切な行動を増やしていくことが、適切でない行動の減少につながるという視点で考えるようにします。そして、指導したことが定着していくためには、成功経験により成就感や達成感が得られること、それを認めてくれる望ましい人間関係が周囲にあることが重要になります。

区分ごとに、発達障害のある子どもへの指導内容を考えてみましょう。

「1　健康の保持」では、特定の食物や衣服などにこだわりのある自閉症や、計画性や段取りが苦手で手際が悪く、一つ一つのことに時間がかかるLD、他のことに気が散りやすく整理整頓などの習慣が身につきにくいADHD等の子どもへの指導が考えられます。「(1)生活のリズムや生活習慣の形成に関すること。」の指導では、失敗経験がさらなる不安感や適応困難を招かないように、家庭との連携を十分に図りながら段階的に指導します。これらは、「環境の把握」の「(2)感覚や認知の特性への対応に関すること。」や「(4)感覚を総合的に活用した周囲の状況の把握に関すること。」とも関連します。また、二次的な障害につながらないように、「心理的な安定」の内容などとも関連しています。

「2　心理的な安定」では、感情や行動のコントロールが難しく、注意や叱責をされることが多いADHD、学習面や生活面でのつまずきから自信や意欲を失いがちなLD等の子どもへの指導が考えられます。自分の気持ちや情緒をコントロールして変化する状況に適切に対応すると共に、障害によるLD学習上又は生活上の困難を改善・克服する意欲の向上を図る指導が重要になります。また、見通しがもてないことへの不安や突然の予定変更への対応が難しい自閉症の場合は、見通しをもたせる工夫をしたり、事前に予告したりするなどの設定の中で少しずつ経験を積んでいく指導が考えられます。これらは、「(2)状況の理解と変化への対応に関すること。」「(3)障害による学習上又は生活上の困難を改善・克服する意欲に関すること。」の指導内容となります。「心

理的な安定」の内容は、「人間関係の形成」や「コミュニケーション」の内容とも関連が深いと言えます。また、状況の理解といった点では「環境の把握」とも関連してきます。

「3　人間関係の形成」の4つの項目はいずれも発達障害のある子どもには重要な項目です。他者に自分から働きかけたり、相手からの働きかけに適切に応じたりすることが難しい自閉症等の子どもには、「(1)他者とのかかわりの基礎に関すること。」の指導が必要になります。また、相手の意図や感情の理解が難しく、一方的な関わりになったり、自分のとった言動がどう影響するか推し量ったりすることが難しい自閉症やADHD等の特性のある子どもには「(2)他者の意図や感情の理解に関すること。」について、ていねいな指導が必要になります。具体的な場面の中での自己の理解と行動の調整に関することや、過去の失敗経験から誤った自己理解をしているLDやADHDのある子どもに対しては、適切な行動がとれるように指導すると共に、失敗経験から肯定的な自己理解を促していくことも大切

になるでしょう。「(4)集団への参加の基礎に関すること。」には、集団のルールやきまりを守り、積極的に参加できるようになることが含まれてきます。「人間関係の形成」は、自他の理解を深め、対人関係を円滑にし、集団参加の基盤を養う内容が示されています。「心理的な安定」「環境の把握」「コミュニケーション」などと関連づけ、組み合わせて指導内容を設定していくことが大切です。

4 環境の把握

「環境の把握」では、新たに「(2)感覚や認知の特性への対応に関すること。」が加えられました。感覚の過敏性のある自閉症のある子どもに対する刺激の緩和や不快感の除去などの工夫が内容に含まれてきます。LD等のある子どもの空間関係や場面理解、状況把握の弱さなどについては、認知特性に応じた教材・教具などを工夫したり、日常での生活経験を総合的に活用して学ばせたりするなど「(4)感覚を総合的に活用した周囲の状況の把握に関すること。」「(5)認知や行動の手掛かりとなる概念の形成に関すること。」の内容が必要となります。不全感や不安感を取り除き、安定した生活や学習意欲を高めることは「心理的な安定」の内容と深く関わります。

5 身体の動き

「身体の動き」には、注意がそれやすく作業への集中が難しいADHD、巧緻性、協調運動の拙さからの作業の遂行能力に難しさのあるLD、こだわり等のために作業手順に従って取り組めない自閉症のある子どもなどに必要な内容が含まれてきます。作業などは、成功と失敗がわかりやすく、意欲の問題とも重なりやすいため、動きや作業ということだけに注目せず、「心理的な安定」「人間関係の形成」「環境の把握」とも関連づけて考える必要があります。

6 コミュニケーション

「コミュニケーション」では、場や相手に応じて、コミュニケーションを円滑に行うことができるようにすることを内容としています。自分の思いをうまく相手に伝えたり相手の意図を理解したりすることは発達障害のある子どもに共通した課題でもあります。相手の立場や気持ち、状況を理解するためには、「人間関係の形成」や「環境の把握」とも関連づける必要があります。

(2) 教科の補充指導の内容

発達障害のある子どもの教科の補充指導は、「通級による指導の手引」（文部科学省編著）において、障害の種類ごとに次のように示されています（P21参照）。

自閉症のある子どもは、知的発達に遅れはなくても認知面にアンバランスがある場合が多く見られます。興味や関心があり意欲的に取り組む教科とそうでない教科では、学習内容の定着にも差が出てきます。学習内容のつまずきの実態に応じた教科の補充指導が必要となります。

LDのある子どもの場合は、聞く、話す、読む、書く、計算する又は推論する能力においてその一部又は複数に著しい困難がある場合には、国語や算数、数学、英語等の各教科の学習に影響することが想定されます。子どものつまずきの状態に応じたの補充指導が必要になります。

ADHDのある子どもの場合には、不注意や多動性、衝動性の状態等が、学習の定着に影響を及ぼすことから、特性に配慮した教科の補充指導が必要になります。

1　健康の保持

「健康の保持」では，生命を維持し，日常生活を行うために必要な身体の健康状態の維持・改善を図る観点から内容を示している。
(1) 生活のリズムや生活習慣の形成に関すること。
(2) 病気の状態の理解と生活管理に関すること。
(3) 身体各部の状態の理解と養護に関すること。
(4) 健康状態の維持・改善に関すること。

2　心理的な安定

「心理的な安定」では，自分の気持ちや情緒をコントロールして変化する状況に適切に対応するとともに，障害による学習上又は生活上の困難を改善・克服する意欲の向上を図る観点から内容を示している。
(1) 情緒の安定に関すること。
(2) 状況の理解と変化への対応に関すること。
(3) 障害による学習上又は生活上の困難を改善・克服する意欲に関すること。

3　人間関係の形成

「人間関係の形成」では，自他の理解を深め，対人関係を円滑にし，集団参加の基盤を培う観点から内容を示している。
(1) 他者とのかかわりの基礎に関すること。
(2) 他者の意図や感情の理解に関すること。
(3) 自己の理解と行動の調整に関すること。
(4) 集団への参加の基礎に関すること。

4　環境の把握

「環境の把握」では，感覚を有効に活用し，空間や時間などの概念を手掛かりとして，周囲の状況を把握したり，環境と自己との関係を理解したりして，的確に判断し，行動できるようにする観点から内容を示している。
(1) 保有する感覚の活用に関すること。
(2) 感覚や認知の特性への対応に関すること。
(3) 感覚の補助及び代行手段の活用に関すること。
(4) 感覚を総合的に活用した周囲の状況の把握に関すること。
(5) 認知や行動の手掛かりとなる概念の形成に関すること。

5　身体の動き

「身体の動き」では，日常生活や作業に必要な基本動作を習得し，生活の中で適切な身体の動きができるようにする観点から内容を示している。
(1) 姿勢と運動・動作の基本的技能に関すること。
(2) 姿勢保持と運動・動作の補助的手段の活用に関すること。
(3) 日常生活に必要な基本動作に関すること。
(4) 身体の移動能力に関すること。
(5) 作業に必要な動作と円滑な遂行に関すること。

6　コミュニケーション

「コミュニケーション」では，場や相手に応じて，コミュニケーションを円滑に行うことができるようにする観点から内容を示している。
(1) コミュニケーションの基礎的能力に関すること。
(2) 言語の受容と表出に関すること。
(3) 言語の形成と活用に関すること。
(4) コミュニケーション手段の選択と活用に関すること。
(5) 状況に応じたコミュニケーションに関すること。

（「特別支援学校学習指導要領解説　自立活動編」）

また、自閉症やLD、ADHDの特性のある子どもの中には、身体の動きがぎこちなく手先が不器用な場合があります。楽器演奏や図画工作、運動機能等に関しても、主体的に取り組めるような補充指導を考える必要があるでしょう。教科の補充指導においては、認知機能に関する指導の他、言語理解力や表現力、数量概念や空間関係などの概念の理解、状況把握や場面理解、注意記憶や情報処理能力など、学習の基本となる理解力等についての実態把握をしたうえで指導にあたる必要があります。

　指導の例を以下に挙げます。

　小学校では、国語と算数についての補充指導が中心のようです。国語では、漢字の書き取りから文章の読み取り、作文の指導、本読みや発表の練習等が行われています。

　算数では、基本的な計算問題、文章題、図形の学習等が行われています。

　苦手意識が強い、理解の困難さを示している学習内容について、その部分を抽出して指導している場合が多いようです。学級担任と相談しながら、学級の学習進度に合わせた教科指導を行っている場合もあります。教科書を使用して指導を行っている場合もあれば、絵や図表、実物など、子どもの状態に応じて、教材・教具、プリント類を工夫して指導している場合もあります。

　国語、算数以外では、音楽の鍵盤ハーモニカやリコーダー、絵の具や習字道具等、楽器や道具の使い方を練習したり、宿題を通して理科や社会を指導したりしています。

　小学校高学年から中学校になると、学習の遅れが自信や意欲に大きく影響します。学習に対する苦手意識を克服するためには、わかる、できる経験により、成就感や達成感をもたせる指導が望まれます。

　指導の効果を、在籍学級での適応状態にどう般化させていくか、通常の学級における指導と通級による指導には連続性をもたせることが重要になります。

(3) 通級による指導で扱う指導時間数

　通級による指導の指導時間については、自立活動と各教科の補充指導を合わせて年間35単位時間（週1単位時間）からおおむね年間280単位時間（週8単位時間）以内が標準とされています。なお、学習障害者（LD）及び注意欠陥多動性障害者（ADHD）の場合は、月1単位時間程度でも指導上の効果が期待できる場合があるとされています。

　このように指導時間が決められている理由は、通級での学習におおむね参加でき、一部特別な対象としていることから、通級による指導で大部分の指導を受けることを前提としているためです。

　先に述べたように、通級による指導は、障害の状態を改善・克服することを主たる目的とする自立活動の指導が中心となります。教科の指導は、特に必要がある場合に補充的に行うものですから、自立活動の指導時間がごくわずかであり、その大半を教科の補充指導にあてられることは、本来の通級による指導の趣旨にはそぐわないことになります。

(4) 指導の形態

　通級による指導は、障害による学習上又は生活上の困難を改善・克服することが主たる目的であり、子どもの障害の状態に応

自閉症

　高機能自閉症やアスペルガー症候群のある児童生徒は，全体的には知的発達には遅れはないものの知覚，記憶，推論，問題解決などにアンバランスが見られます。そのため，得意な教科とそうでない教科では，学習の定着にも大きな違いがでてきます。児童生徒一人一人の特性を踏まえて，つまずき等の状態に応じた教科の補充指導を実施する必要があります。その際，言葉や仕草の意味の理解，状況の把握や理解などを促すための指導も必要です。

　なお，高機能自閉症やアスペルガー症候群のある児童生徒の一部には，身体全体の動きや微細な動きにぎこちなさが見られる場合があることから，楽器の演奏や絵画，運動などについて，円滑な活動を促すための補充指導が必要となることがあります。

情緒障害

　情緒障害のある児童生徒は，不登校になってしまったり，集団の中では極度の緊張状態に陥ってしまったりすることなどにより，授業を受けていない時間や時期が多くなりがちです。また，登校できるようになっても，学習内容が十分に定着していないことから，再度，不登校の状態に戻ってしまうこともあります。そのため，未習得の学習内容の定着のために教科の補充指導が必要になります。その内容は，個々の児童生徒の情緒障害の状態等を踏まえ，補充が必要な教科と具体的な指導内容を選定し，継続して補っていくことが重要です。

学習障害（ＬＤ）

　聞く，話す，読む，書く，計算する又は推論する能力において一部又は複数の著しい困難がある場合には，それが国語や算数，数学，英語等の各教科の学習に影響することがあるため，児童生徒のつまずきの状態に応じた教科の補充指導が必要になります。

　なお，手先が不器用な場合には，楽器演奏や絵画制作，運動機能等に関して，主体的な活動を促すための補充指導等も考えられます。

注意欠陥多動性障害（ＡＤＨＤ）

　不注意や衝動性，多動性の状態等に即して，教科の補充指導が必要になります。例えば，漢字の学習においては，漢字の偏や旁に着目して，細かな部分を比べさせ，違いを意識させる指導，また，算数，数学等の学習においては意味理解に配慮して文章題を解かせる指導等があります。

　なお，ＬＤのある児童生徒と同様に，手先が不器用な場合には，楽器演奏や絵画制作，運動機能等に関して，主体的な活動を促すための補充指導等も考えられます。

　このほか，肢体不自由や病弱及び身体虚弱の場合も，障害の状態に応じて，教科の補充指導が適切に行われる必要があります。

（『通級による指導の手引』文部科学省編著）

じた個別的な指導が中心となりますが、在籍する小学校、中学校の集団生活における適応状態を円滑にしていくため、必要に応じて、小集団指導も組み合わせて行うことが適当な場合もあります。

また、小集団指導のよい点は、対人関係や集団活動を意識した指導ができること、情報を共有し、十分に説明をしておくことが大切です。

図1は入級システムの一例です。各区市町村により多少の違いがあるかもしれませんが、おおむね図のように進められます。

特に、発達障害のある子どもたちは、対人関係やコミュニケーション、ソーシャルスキル等に課題を抱えている場合が多く、個別指導と小集団指導を組み合わせて行うことが効果的であると考えられます。

例えば、知識や技能など個人の学習内容の習得や力量の向上については個別指導を中心に行い、対人関係や社会的なルール理解と定着を図るためには小集団指導により実践的に行うなど、目的やねらいを明確にして、指導形態を工夫するようにします。

個別指導のよい点は、個人の特性に応じた課題設定や教材の準備が可能であり、系統性をもった指導が可能であること、本人のペースに合わせて学習することができるため、知識や技能の習得にじっくり取り組めること、子どもの状態に合わせて臨機応変に対応できること、話をじっくり聞くことができるため、心理的な安定を図りやすく、子どもとの関係性を築きやすいことな

子ども同士の関わりから人間関係を学ぶことができること、集団のルールや決まりなどを設定しやすいこと、子ども同士が刺激し合え、また、互いがモデルとなることができること、異年齢でグループを組むことにより、リーダーシップや責任感を育てることができることなどが挙げられます。

5 指導の開始及び終了の手続き、関係書類の作成

(1) 指導開始の手続き

通級による指導を円滑に開始できるためには、その手続きの流れを明確に示しておく必要があります。通級指導教室を設置している各区市町村教育委員会においては、通級指導にかかる具体的な手続きの流れや提出書類の様式等が、示されていると思います。

手続きの流れについては、教育相談等を通して保護者や学級担任等に周知してもらう必要があります。保護者にとっては、不

(2) 指導終了の判断と手続き

通級による指導の終了については、判断する根拠が明示されている必要がありますが、何を根拠に判断するかで悩まれる担当者も多いようです。

通級による指導の本来の目的は、「障害の状態の改善・克服と環境への適応」です。常に情緒の安定を図りながら、長期的な視点で社会に適応していく力を育むことが求められています。子どもの日常生活の場である家庭や学校で、適応していくための特別の指導を通級指導教室で展開されています。

例えば、学習障害（LD）のある子どもの場合は、一人一人の認知特性等をふまえ、その子なりの「学び方」を本人及び指導者がわかり、通常の学級における適切な配慮

安を抱えながら手続きをとる場合もありますので、少しでも安心して手続きできるよう、情報を共有し、十分に説明をしておくことが大切です。

22

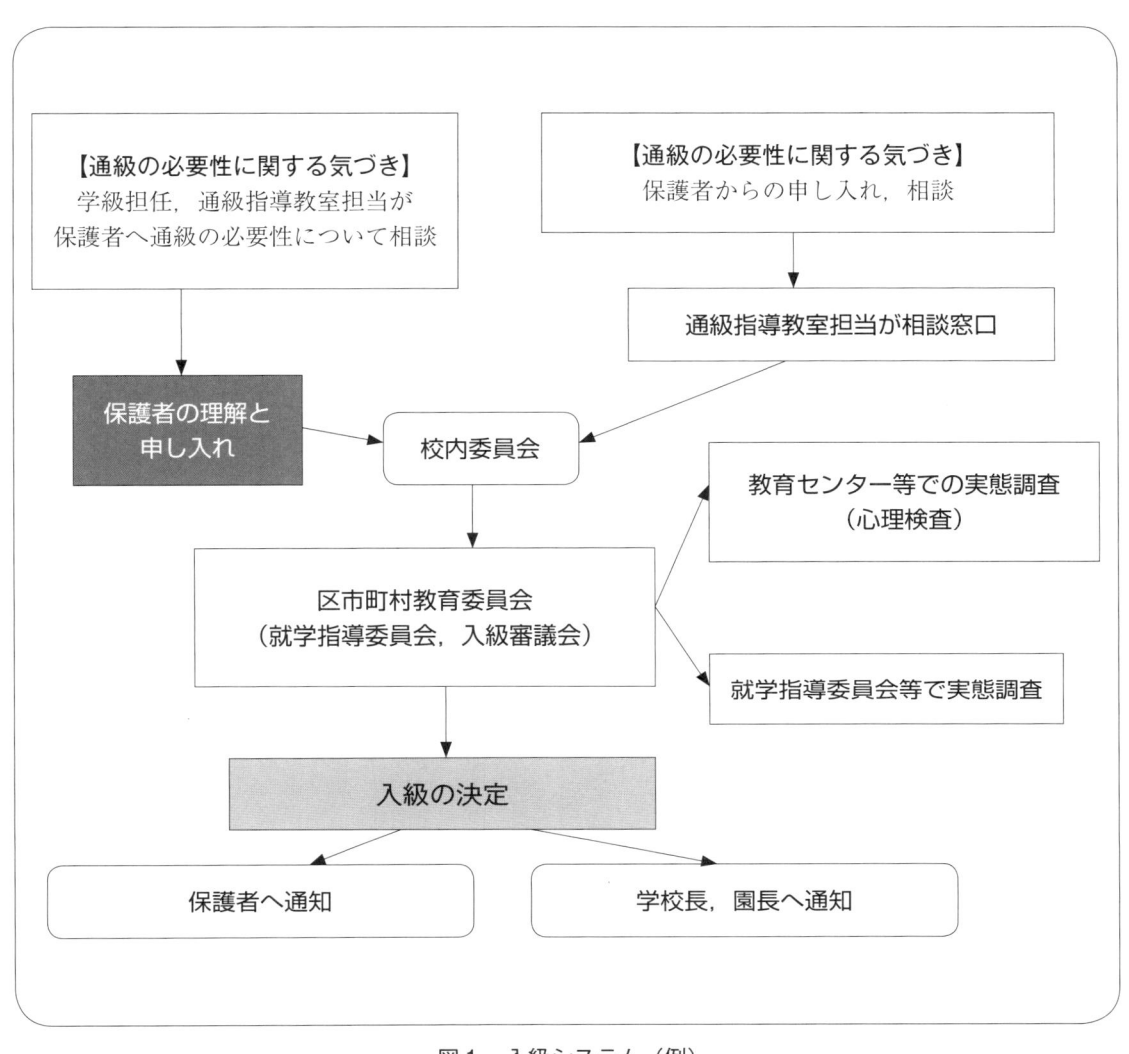

図1　入級システム（例）

を工夫することにより、学習進度に適応できる場合に、終了の目処と考えます。注意欠陥多動性障害（ADHD）、自閉症のある子どもの場合は、その特性をふまえ、行動面、社会性の面について適切なスキルを獲得することで、通常の学級での学習場面や集団活動場面で問題となる行動が軽減し、学習や活動への参加が円滑になった場合、終了の目処と判断できます。

しかし、発達障害のある子どもの場合、家庭や学級の様々な場面において、特別な配慮が必要になります。家庭や学級で配慮が十分に保障されておらず、安定できる生活環境が整っていない場合、通級による指導を終了することは難しい場合があります。通級指導教室担当が、保護者や学級担任等と密接に連携を図り、適切な配慮や環境づくりのために、情報を共有していくことが重要です。

終了についての客観的な指標として、子どもの状態の変容に関する指導記録やチェックリスト等を活用するという方法もあります。また、指導の年限を区切り、例えば2年間で達成すべき指導目標を設定し、2年間の指導後に評価を行い、目標が達成で

6 指導計画の立案、実践と評価について

きていれば通級を終了するという考え方もあります。いずれの場合にも、個別の指導計画に基づいた評価が重要になります。

次ページの図2に、退級システムの一例を示します。

通級指導教室では、特別の教育課程に基づいて、指導計画を立案することになります。指導計画は、子どもの実態に応じて、障害の状態の改善・克服をめざした指導目標、指導内容を計画していくことが求められます。子どもの抱える課題は多様ですから、指導目標や指導内容・方法を適切に設定することは難しい面があります。

まず、子どものアセスメントを的確に行い、その特性から指導が必要と思われる課題をいくつか挙げていきます。指導が必要と思われる課題については、障害特性によるものと思われる課題については、障害特性によるものと、生活上の困難があるものと、生活環境や学習環境が影響して困難な状況にあるものの両面から考えていくことが大切

です。問題の重要性や緊急度により優先順位をつけていくと共に、通級指導である課題、通級で指導する課題、通級、通常の学級、家庭とが連携して指導する課題などについて考えていきます。

指導課題から指導目標を設定します。指導目標は、長期目標、短期目標を設定します。長期目標を1年間、短期目標を2〜3か月、毎回の指導における目標を具体目標と考えることができます。指導目標が設定されたら、指導内容・指導方法を具体的に考えます。教材・教具の選択、指導場面、指導形態等も検討します。個別指導や小集団指導、あるいは個別指導と小集団指導の組み合わせ等の指導形態と個別指導では、実態に応じて個別指導と小集団指導を合わせているケースが多く見られます。個別指導により具体的な学習事項やスキルを学習し、小集団指導では他者との関わりの中で、学習したことやスキル

を広げ、定着化を図っています。計画的、継続的に指導展開が図られるように指導計画に反映させていくことが大切です。毎回の指導後には、必ず指導について振り返り、指導内容・方法についての評価・見直しを行います。子どもの実態に合った指導計画が立てられていたか、指導目標は

資料：個人情報の扱いについて

通級による指導を受ける児童生徒の実態を把握した資料，ファイル等の情報，データ等の扱いについては，慎重に対応しなければなりません。通級指導教室設置校の区市町村教育委員会や都道府県教育委員会で規定されている個人情報の取扱についての規定に従い，個人情報の管理にあたる必要があります。

個人情報の持ち出しをはじめ，ファイルやデータの保管方法，保存期間，引き継ぎ等での使用の可否等についても明確に規定をしておくことが必要です。

check!

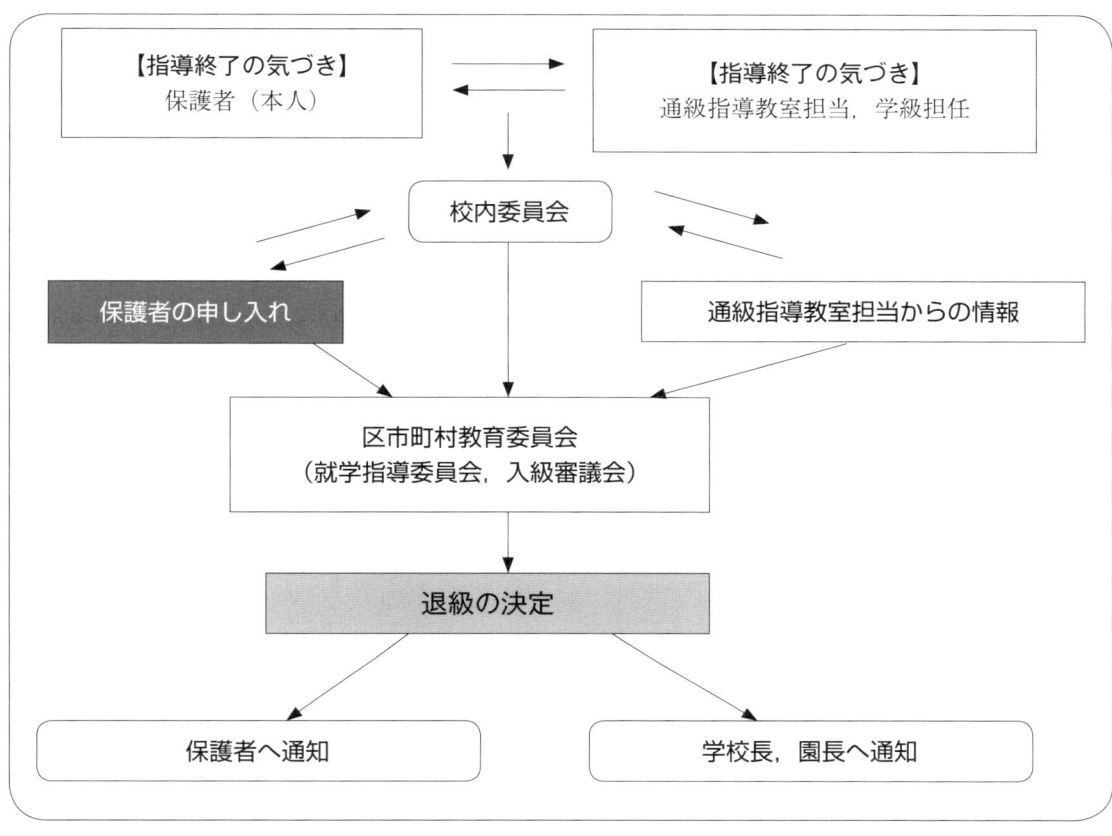

図2 退級システム（例）

資料：手続きに関する様式等について

　手続きに関する様式等は，通級指導教室が開設されている区市町村教育委員会において，所定の手続きに関する様式等が定められており，基本的に以下の手続きに関する文書が扱われています。

【通級開始】
①通級指導願い（申請書）
　（保護者→児童生徒在籍学校長）
②通級指導の開始（決定通知）
　（区市町村教育委員会→保護者，児童生徒の在籍学校長，通級指導教室設置校長あて）

【通級による指導の届け出】
①教育課程編成届け（通級指導教室設置校長→区市町村教育委員会）
②指導記録の送付（通級指導教室設置校長→在籍学校長）
③指導要録への記載についてのお願い（通級指導教室設置校長→在籍学校長）

【通級終了】
①通級指導の終了について（通知）
　（区市町村教育委員会→通級指導教室設置校長，在籍学校長，保護者あて）

7 在籍校・学級担任等及び保護者との連携

適切であったか、指導内容や方法は目標に見合うものであったかなど、子どもの実態把握、指導目標の設定、指導内容・方法の選定等の視点から評価・見直しを行います。

通級指導の目的は、障害の状態の改善・克服と環境への適応です。情緒の安定を図りながら、長期的な視点で社会適応力を育てていきます。通級指導教室は、子どもが日常生活の場である家庭や学校で、安定した生活を送ることができるために、特別な指導を行う特別の場です。通級指導教室における専門的な指導が、共に学級担任等との連携が大変重要になります。

子どもへの指導は、障害の改善・克服と生活している環境への適応を目標として、一人一人の能力や状態に応じて、個別の指導計画を立てて指導を行います。

保護者への支援では、子どもの障害に関する正しい課題意識と、家庭での適切な対応を促すための支援が重要になります。特に、注意欠陥多動性障害（ADHD）のように行動面に課題を抱えている場合には、幼い頃からしつけや養育の問題として指摘され、保護者自身も孤立する状況になりがちな場合も多く見られます。教育相談等において、悩みや心配事に対するよい聞き手となり、信頼関係をつくることから支援ははじまります。

在籍校・学級担任等との連携において は、通級する児童生徒にとって安心できるまわりの関わりや安定して過ごせる学習環境の工夫について、共に考える姿勢が大切です。通級担当が在籍学級を訪問したり、担任者会議等の話し合いの場を設けたりして、お互いの連携を密に図っていきます。その際、担任の大変さにも共感し、子どもについて何でも情報交換ができる関係をつくることが大切になります。

特に他校通級においては、学級担任等との話し合いの時間を確保することが難しいことが考えられます。通級を開始する時点で通級の年間計画を連絡し、在籍校・学級の年間計画の中に、担任者会議や学級訪問、通級の指導参観などの予定を入れておいてもらうとよいと思います。

工夫例

○連絡帳をつくり、保護者・担任・通級担当等で交換し、子どもの成長を確認し合ったり、同じ方向性で指導にあたったりできるようにする。

○保護者・担任・通級担当の三者面談等を通じて、情報の共有、情報提供をし合いながら指導内容や関わり方を考えていく。

○担任を対象とした連絡会を開催し、通級による指導の意義や学級での取り組みについて、情報交換を行う。

○通級担当が在籍校を訪問して授業参観や担任等との話し合いを行う。

○指導場面を担任等に公開し、子どもの指導の様子を参観してもらう。

○指導時間ごとにその日の活動内容、子ど

(1) 在籍校・学級担任等との連携の工夫

では、子どもの在籍校の学級担任等の先生方との連携はどのように図ればよいでしょうか。以下に、実際に行われている連携の工夫について例を挙げてみます。

もの様子、指導・支援のポイント等について記入した連絡ファイルを渡し、在籍学級での様子については担任に記入してもらう。

○運動会や修学旅行等、子どもが苦手とする大きなイベントの前には、具体的な支援について情報交換を行う。

○早急な対応が求められる子どもについては、必要に応じて、担任等とメールアド

レスや携帯電話の番号を交換し、即時に連絡を取り合えるようにする。

○生活チェック表の作成により、学習態勢の自覚、身辺処理等の自立を促す。

○効果的だった指導事項について記録し、担任にその都度連絡する。

(2) 在籍学級における指導とのつながり（連続性）について

通級指導教室において効果のあった指導内容や方法、教材・教具等が、在籍学級においても活用され、一貫した手立てや指導が連続性をもってつながっていくことが重要です。

実際に行われている工夫について、以下にいくつか例を挙げてみます。

○課題の量の調整、努力すればできそうな内容の選定など、達成感を得られる工夫について情報提供する。

○指導の参観（もしくは指導の様子を録画）により、子どもの様子、指導の意図等を時系列で紹介する。

○困っているときのヘルプカード、課題解決に必要なヒントカードなど、通級指導教室と在籍学級で支援ツールを共有化する。

工夫例

○学習したプリントをファイルして子どもに持たせ、それを担任や保護者にも目を通してもらい、コメントをもらう。

○担任に、使用した教材等を見せながら、指導したこと、その効果について説明する。

○使用した教材をコピーして担任に渡すなど、指導内容を知ってもらうと共に通常の学級の指導に生かしてもらうようにする。

(3) 保護者との連携の留意点、工夫点

保護者は、我が子が通級による指導を受けることで、どのようによい方向へ変容していくのか大きな期待を抱いています。保護者と共通理解に立って、子どもの成長を見守るためにも、通級担当は、随時、指導の経過等を保護者に伝え、子どもの状態、指導についての情報を共有していくことが大切です。

保護者との連携で留意する点、工夫点に

ついて、次に挙げてみます。

◎工夫例

○個別指導の後に必ず、指導の様子などを伝える情報交換の時間を設定する。
○保護者との個別面談の時間を設定する。
○連絡ノートを活用し、保護者の思いを受け止めたり、子どもの見方について望ましい方向を提示したりする。
○通級指導教室の保護者会をつくり、保護者間の連携を深める。
○保護者を対象とした学習会や家族で参加するレクリエーション行事などを設定する。
○運動会や修学旅行等、特に子どもが苦手な大きなイベントの前には、家庭での準備、子どもへの支援について具体的な情報交換を行う。
○緊急度の高い場合は、必要に応じて、メールや電話などでいつでも連絡が取り合えるようにする。

8 関係機関との連携

通級指導が適切と判断された場合でも、専門機関での相談等の経験があまりないということもあります。通級担当からいきなり「専門機関へ相談してみてください」と勧められては、びっくりしてしまいます。何か特別なことを指摘されるかもしれないという不安も出てきます。何のために専門機関につながるのか、つながると子どもにどのようなメリットがあるのかについて具体的に説明します。特性に応じた指導をより充実させるために、学級担任や通級担当のニーズをお話するのもよいと思います。

子どもが関係している専門機関との連携も大切です。特に、定期的に利用して指導やカウンセリングなどを受けている支援機関、薬を処方されている医療機関等は、子どもについての情報を専門的な立場から整理しています。個人情報の保護の問題もあり、本人や保護者の了解なく情報を入手することはできませんが、保護者を通じ、子どもの情報についてできるだけ共有化が図れるようにします。可能であれば、子どもや保護者に同行し、直接、担当者から話を聞くようにします。

子どもの指導を進める中で、医療機関等の専門機関とつながることが、抱える課題の解決の糸口になると判断できる場合もあります。必要なときに、適切なアドバイスができるように、地域の専門機関の情報は一覧表にするなどして整理しておくとよいでしょう。

28

第2章 はじめての通級指導教室 12か月の運営ガイド

通級指導教室の1年間はどんなスケジュールで流れていくのでしょうか。
地域・学校により差はあるかと思いますが，大まかな様子をまとめてみました。

4月

新年度のスタート

新年度は、子どもたちとの出会い、その保護者との出会いからはじまります。教室環境整備や通級開始式、通級説明会の準備を整え、子どもたちを迎えます。子どもたちと同様、通級担当も期待と不安ではじまります。

今月のチェック！ポイント

- □ 新年度準備（教室環境整備）
- □ 通級に関する書類の作成、提出
- □ 年間指導計画
- □ 通級開始式 通級説明会

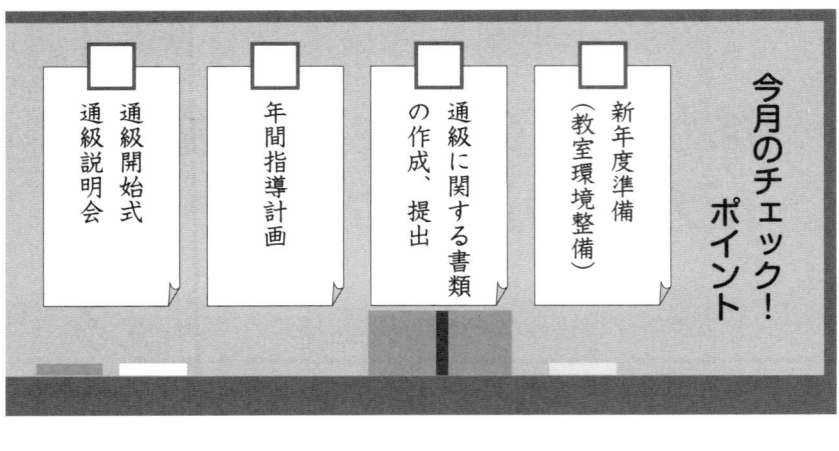

通級の開始に関する書類等は前年度中に作成、提出するものと、名簿や指導計画など新年度になってから作成、提出するものがあります。通級指導教室では、担当者が直接、教育委員会、在籍校、保護者などに連絡を取ったり、書類の作成をお願いしたりすることが多くあります。前年度から新年度にかけて作成、提出する関係書類については、提出期限などを一覧表にして計画的に取り組む必要があります。通級の終了に関する書類についても同様です。通級による指導の開始と終了は年度の途中でも考えられます。通級の開始と終了に関する書類については、セットで整理しておくとよいと思います。

▶新年度準備（教室環境整備）

新年度、入学する小学校の教室を上級生などがきれいに飾りつけをして、「入学おめでとう」「ようこそ○○小学校へ」と迎えます。通級指導教室でも「ようこそ」の姿勢で、子どもたちを迎えることは大切です。小学校の教室のようなにぎやかな飾りつけはかえって刺激が多くなりすぎることもあるので、殺風景にならない程度にシンプルでわかりやすい歓迎の教室環境整備に心がけます。子どもたちにとって、もう1つの学校（教室）も何だか楽しそうと思えるような、ひと工夫をしてみましょう。

▶通級に関する書類の作成、提出

▶年間指導計画

個別の指導計画と共に、通級指導教室の年間指導計画も重要です。指導は、在籍学級の担任や保護者との連携が不可欠であることから、年間指導計画には子どもの指導計画だけでなく、在籍校の担任等との話し合いや保護者との面談などどのように連携

April　4月の学校生活は…

入学式，始業式。

座席，係・当番活動などを決める学級づくり。

新入生は，まず学校生活に慣れることから。

学級活動の中で気になる子ども，引き継ぎのあったこどもの行動観察と実態把握をします。

▶ 週指導計画（指導時間の確定）

を図っていくのか、その時期と内容を明記します。

担任も保護者も突然の時間の確保は難しい面があります。年度のはじめに年間指導計画を担任や保護者に連絡しておくことで、学校や家庭の年間スケジュールの中にあらかじめ「担任者会」「学級訪問」「保護者会」「保護者面談」などの予定を入れておいてもらうと運営が円滑になります。

▶ 通級開始式、通級説明会

指導の開始にあたっては、子どもたち全員が集まる機会を設けることもあるとよいと思います。個別的な指導が中心となりますが、同じ学校から通級する友だち、同じ学年の友だちの存在を知ることで、仲間意識が芽生えたりすることもあります。

はじめて通級を利用する保護者にとっても、どのような子どもたちが通っているのかがわかり、安心することができると思います。

通級開始式や通級説明会は、通級する学校の校長先生の参加のもと式典形式にすると、在籍校における子どもたちの式典等への参加の様子を推測する機会にもなります。

▶ 週指導計画（指導時間の確定）

通級を希望する子どもの数が、全国どこでも急増しています。指導時間の確保は大きな課題となります。指導時間を決めるためには、通級指導教室だけの都合で決めるわけにはいかず、在籍学級で抜ける授業への配慮、付添をする保護者の仕事等への配慮等も必要になります。小集団指導を計画したい場合は、さらに調整が難しくなります。まずは個別の指導計画が基本となります。指導目標と指導内容等から、週何時間程度の指導が必要と考えるかを担任、保護者と相談し、指導時間の調整を行います。1年間同じ時間ではなく、学期ごとで考えることも調整がしやすいと思います。

31　第2章　はじめての通級指導教室　12か月の運営ガイド

個別の指導計画に基づいた指導の開始

新年度がはじまって1か月過ぎたところで、大型連休があります。学校生活にも少しずつ慣れてきた子どもたちにも変化が見えてきます。学級担任や保護者から得た情報をもとに、個別の指導計画を作成して指導を行います。

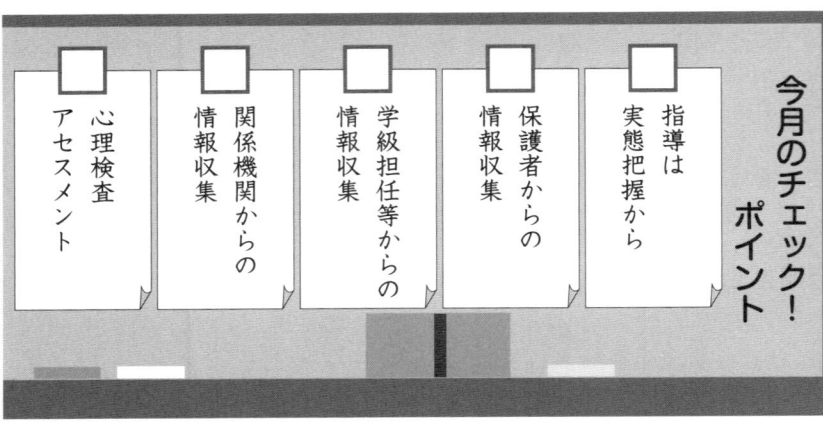

今月のチェック！ポイント
- □ 指導は実態把握から
- □ 保護者からの情報収集
- □ 学級担任等からの情報収集
- □ 関係機関からの情報収集
- □ 心理検査アセスメント

▶ 指導は実態把握から

指導を開始するにあたり、目標や内容を決定するための実態把握をきちんと行う必要があります。実態把握は、子どもの行動観察と共に、担任や保護者などからの情報収集、心理検査アセスメントの結果などを参考に行い、個別の指導計画に反映します。指導開始後も、学校や家庭での生活の様子を連絡ノートなどを活用して情報交換します。

▶ 保護者からの情報収集

年度当初に個人面談の時間を確保することができれば、直接、話を聞くことができますが、時間の確保が難しい場合は、調査用紙に記入してもらいます。子どもの課題に苦慮している保護者ほど、大変さをたくさん述べられます。保護者として子どもの課題をどう考えているか、これまでどう関わってきたか、その結果はどうだったか、そして通級指導に何を期待するかなど、課題を整理するためのポイントを絞って情報を収集します。

▶ 学級担任等からの情報収集

年度当初は学校も忙しく、担任と面談の時間を確保することは難しいと思います。学校での状況は調査用紙等に記入してもらいます。在籍学級での子どもの行動特徴と課題をどう捉えているか、保護者からはどのような話があったか、また、他の子との関わりや学級全体の雰囲気など、通級する子どものことだけでなく学級全体の様子も重要な要素となります。指導は、在籍学級での適応をよくするために補完的な役割を担うことを説明し、在籍学級でできること、通級でできることを役割分担し、密な連携が成果につながることを共通理解します。

May　5月の学校生活は…

家庭訪問，春の遠足，運動会。学校生活，教室でのルールづくり。学校生活や教室でのルールづくりの中で，気になる子どもが見えてきます。

校内で，特別な支援を必要とする子どもの共通理解をします。

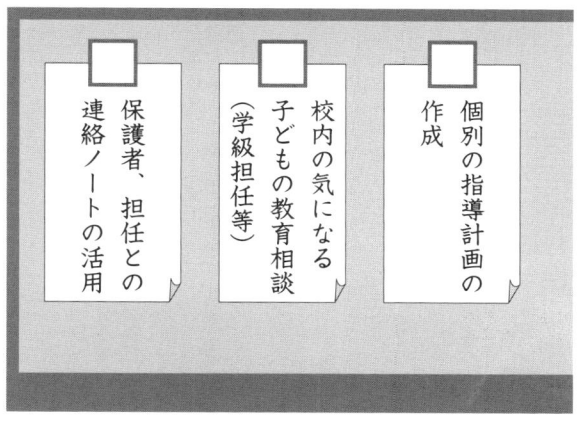

- □ 個別の指導計画の作成
- □ 校内の気になる子どもの教育相談（学級担任等）
- □ 保護者，担任との連絡ノートの活用

▶ 関係機関からの情報収集

子どもの支援に関わる関係機関と連携することもとても重要です。医療機関等の専門機関を利用している場合は、保護者から子どもの見方について情報提供をしてもらいます。定期的に診察等を受けている場合は、本人、保護者とも相談し、可能であれば診察場面に同席し、直接担当医などから話を聞くこともできるとよいでしょう。

▶ 心理検査アセスメント

WISC-ⅣやK-ABCなどの認知特性がわかる発達検査については、通級担当も実施ができる力量があるとよいと思います。心理専門スタッフの所見や検査の結果などから、認知特性と学力や生活の実態とを照らし合わせて読み取りができる専門性を身につけることが期待されます。

▶ 個別の指導計画の作成

個別の指導計画に基づいた指導が基本になります。通級指導は、限られた時間です。子どもの優先課題を絞り込み、ポイントをおさえた指導目標の設定が重要になります。通級指導の教育課程は、通常の学級の教育課程の一部を変更したり、加えたりするものです。指導内容は、自立活動と教科の補充的指導となっています。

▶ 校内の気になる子どもの教育相談（学級担任等）

校内の子どもであれば、指導に支障がない範囲で様子を観察したり、担任の相談にのったりすることができます。日頃の何気ない通級担当の動きが、校内の特別支援教育を推進することになります。

指導の経過を学級担任や保護者と確認

通級する子どもも保護者も、また在籍学級の担任も、指導が日常生活のペースに定着してきます。子どもの日常生活の様子を保護者や学級担任等と情報交換することにより、指導のねらいや目標についての共通理解を図ります。

今月のチェック！ポイント

- □ 在籍学級への訪問
- □ 担任者会の開催
- □ 保護者会の開催

▶ 在籍学級への訪問

授業中の参加態度や学習内容の理解、担任や子どもからの関わりに対する反応、休み時間等の授業中以外の行動の様子、ノート、プリントや作品等、あらかじめ行動観察や情報収集する項目を用意して訪問するとよいと思います。在籍する子どもの数、他の気になる子どもの数とその様子、担任と子ども、子ども同士の関わり方など、子どもを取り巻く環境にも目を向けます。校内支援体制の状況なども連携した指導を考える際の参考になります。

▶ 担任等との連携の大切さ

指導の目的は、在籍学級での生活を安定して送ることができるように適応の状態を改善することにあります。個別的な指導が、在籍学級の集団における指導に生かされることが大切です。そのためには、通級担当が在籍学級での子どもの様子を十分に知っておく必要があります。通級指導教室は個別的な指導が中心です。一方、在籍学級は集団が基本です。指導の成果がなかなか在籍学級であらわれないのは、こうした学習環境の違いを意識した指導計画が、学級担任との連携のもとで立てられているかどうかで決まります。

▶ 担任者会の開催

年間指導計画に、在籍学級訪問や担任者会の日程を予定しておいてもらいます。担任者会は、年度当初よりも数か月が経ち、担任としても学級の中での子どもの様子が見えてきた頃に開催するとよいと思います。担任から見た子どもの課題、通級担当が捉えている子どもの課題、学級でできることと通級指導に期待されることなどについて

34

June 6月の学校生活は…

水泳指導，授業参観，学級懇談会。生活規律，学習規律などの基本的な生活習慣が定着してきます。学校生活に慣れてきたところで，気になる子どもの保護者とも子どもの課題を共有化します。

他校の子どもの教育相談

保護者との話し合いの時間の確保

他校から通級する場合は、保護者が付き添いますので、毎回の指導時間に担当者と話す時間はできますが、自校通級の場合は、保護者と話し合う時間があまり確保できていないことがあります。個別の指導計画の作成にあたっては、保護者とも個人面談を行い、指導目標や指導内容についての確認が必要です。一定期間の指導後に評価を行い、個別の指導計画を見直し、修正するための個人面談の時間を確保します。

保護者会の開催

テーマを設けて通級担当と共に懇談をしたり、講師を招いての学習会を開催したりしている学校もあります。先輩の保護者か

の共通理解を図ります。子どもの中には、同じような課題を抱えている場合もあります。個別にだけでなく、同様の課題を抱える担任、同じ学年の担任などに集まってもらい、協議形式で進めるやり方もあります。

他校の子どもの教育相談

学級訪問をする際に、他の気になる子どもについて相談を受けることもあります。子どもの課題について共有化し、どのような支援が適当であるかを一緒に考えるようにします。校内支援体制へのサポートという役割を担います。

ら話を聴く会などもよく行われています。保護者が主体となり役員による運営で、学習会ばかりでなく行事やレクリエーション活動などを進めている地域もあります。

7月

4〜7月までの指導経過の振り返り、夏休み準備

4〜7月までの指導経過について、まとめをします。
指導の成果について保護者及び学級担任等と話し合い、個別の指導計画の評価・修正を行います。指導の記録を作成し、保護者及び学級担任等に渡します。

今月のチェック！ポイント

- □ 個人面談（本人・保護者）の実施
- □ 指導の記録、指導の報告
- □ 指導の評価

▶個人面談（本人・保護者）の実施

これまでの指導経過について、指導の評価をすると共に個別の指導計画の見直し、修正を行うために個人面談を行います。保護者との面談が中心となると思いますが、高学年になれば指導目標や指導内容について、本人とも確認できるとよいと思います。

保護者にとって担当者との話し合いは、困っていることや悩んでいることの相談になってしまいがちですが、ここでは指導の振り返りをする個人面談と位置づけます。子どもの変容、課題解決の状況などについて整理を行い、家庭における支援の次のステップが具体的にイメージできるように助言します。

▶指導の記録、指導の報告

記録は、推測や思いを交えず事実を書くようにします。また、子どもが書いたもの、作品などを資料として残しておくことも重要です。

これまでの指導経過について、子どもの学習評価と指導の評価の両面について整理し、まとめたものを在籍校に報告します。在籍校においても、通級指導を受けている個別の指導計画を活用してもよいでしょう。教育課程の一部として取り扱う必要があります。指導要録にも通級指導を受けている旨を記入することになっています。指導の報告が、在籍学級における子どもの評価にも参考となることが望まれます。保護者にも同様のものを渡して、在籍学級の通知表と合わせて三者で共有化するとよいでしょう。

▶指導の評価

毎回の指導については、指導終了後に課題設定と子どもの反応についての振り返り

July 7月の学校生活は…

水泳指導，校外学習，宿泊学習などで夏休み前は子どもたちも落ち着かなくなります。暑さのため体調も崩しやすい時期。

長い夏休みを無事に過ごせるように，健康管理や安全に関する指導が大切になります。

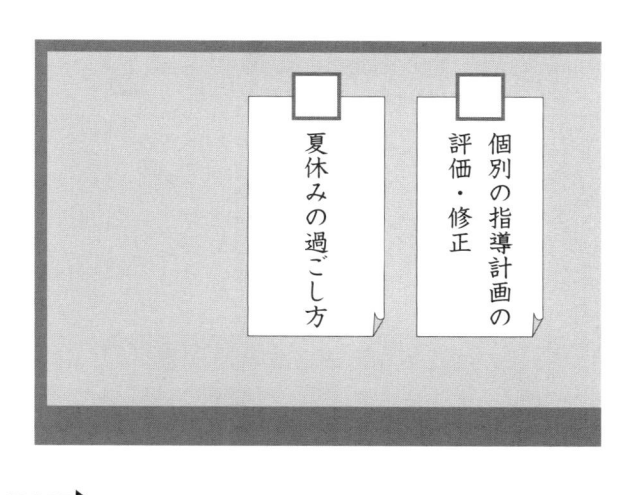

▶ 個別の指導計画の評価・修正

個別の指導計画は年度当初の仮説に基づいて立てた見通しですから，適切な計画であるかどうかは，実際の指導を通して明らかになります。子どもの学習状況や指導の結果に基づいて，適宜，見直し修正を図ります。計画（Plan）、実践（Do）、評価（Check）、改善（Action）のサイクルを確立し、適切な指導を進めていくことが重要です。

学習状況の評価にあたっては，多面的な判断ができるように，担任や保護者の他，必要に応じて外部の専門家等と連携を図っていくこともよいでしょう。

日々の指導の記録を残すことで指導経過を振り返ることができ，どのような手立てが有効に機能していたのかを評価することができます。評価は，課題に対する子どもの学習状況について行うと共に，子どもの見立て，課題設定，指導目標，指導内容・方法の選定について適切であったかどうか指導の評価を行います。自分の指導の在り方を見つめ，子どもに対する適切な指導内容・方法の改善に結びつくように，評価を通して指導の改善が求められます。

▶ 夏休みの過ごし方

毎日の学校生活は，基本的に時間割により見通しは示され，生活のリズムは保たれます。夏休みには時間割がありませんから，生活のリズムは自分で整えなければなりません。夜遅くまで起きていて，朝早く起きられなくなる等の生活リズムの乱れは，もとのペースに戻すのに時間がかかります。

特に，発達障害のある子どもは，自己調整力や切り替えが難しい場合も多いことから，休み中でもできるだけ生活リズムを一定に保ちながら過ごすことを保護者とも話し合っておきましょう。

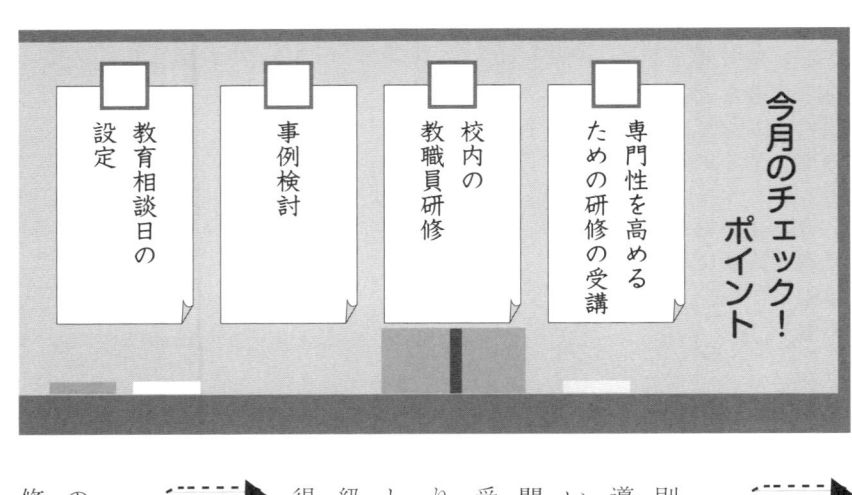

8月

職員研修、事例検討、教育相談

9月からの指導計画の見直しを行うと共に、教育委員会や民間機関が開催する研修講座などを積極的に受講し、専門性向上のための自己研鑽を図りましょう。校内や他校の子どもの事例検討や教育相談、校内研修にもまとまった時間がとれる時期です。

今月のチェック！ポイント

- ☐ 専門性を高めるための研修の受講
- ☐ 校内の教職員研修
- ☐ 事例検討
- ☐ 教育相談日の設定

▶ 専門性を高めるための研修の受講

授業のないときは、通級による指導もお休みになります。これまでの指導を振り返り、自分にたりない力、つけたい力を高めるために、教育委員会や民間機関が開催している研修講座などを積極的に受講し、専門性向上のために自己研鑽を図りましょう。学会等の研究発表や実践報告しているような先進的な取組をしている通級担当に連絡をとり、情報交換する機会を得る方法もあります。

援助教育や発達障害に関する基礎的な知識・理解研修、事例をもとにした研修、具体的な指導・支援方法を考える研修など、教職員のニーズに応じた研修を企画する方が、個々の実践力につながります。比較的時間がとれる夏休みの研修は、講義形式よりも、ワークショップやグループワークなどを取り入れた協議形式にする方が参加意欲も高まります。

▶ 事例検討

事例検討は、日頃から必要に応じてこまめに行うことが効果的です。必要なときに集まれる関係者で、短い時間で効率よく、問題解決の方法を検討します。校内の気に

▶ 校内の教職員研修

通級担当は、校内の特別支援教育の推進のキーパーソンになりますから、校内の研修なども企画・立案していきます。特別支

August　8月の学校生活は…

授業はありませんが，水泳教室や特別な行事などで登校する場合もあります。
比較的，時間のとりやすい夏休み中に保護者と面談する機会を設けたりします。

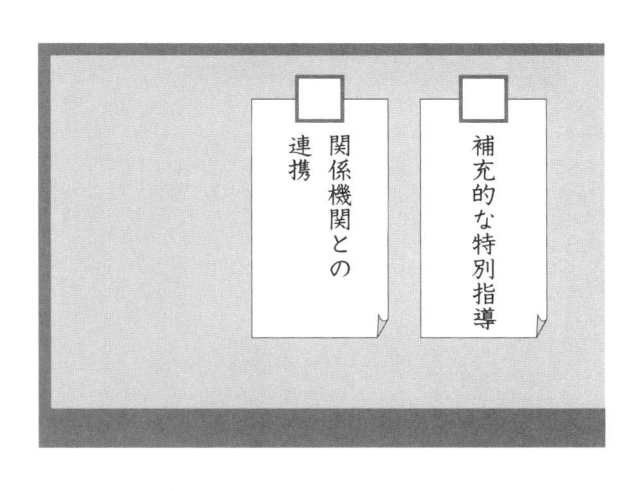

なる子どもについての情報はできるだけ掌握しておくようにします。夏休みの事例検討は、これまでに話し合ってきたことを一度整理して、今後の指導に役立てます。また、時間をとって話し合うことができなかった校内の気になる子どもについて、検討する機会にします。外部の専門家を招聘し、事例検討会議の進め方の研修と兼ねて、校内の事例検討を行う方法もあります。

教育相談日の設定

通級する子どもの担任も指導の振り返りを行う中で、子どもの見方や指導方法等について、担当者に相談したい事柄が出てくることがあります。また、保護者からも相談希望が挙がってくることがあります。夏休み中の相談対応が可能な日程（数日間）を、教育相談日として夏休み前にあらかじめ担任や保護者に連絡しておくとよいでしょう。

補充的な特別指導

夏休み中に、補充的な特別指導を行って

いる学校もあります。家庭における課題が大きい場合、欠席が多く十分な指導時間が確保できなかった場合、宿泊学習などの行事参加のために指導が必要な場合などが考えられます。あくまで特別な場合です。保護者からは、学習塾の夏期集中講座のように、授業がない夏休み中に集中的に指導してほしいという声を聞くことがありますが、それは本来の通級指導の目的とは違います。

関係機関との連携

子どもが利用している関係機関との連携も、時間がとりやすい夏休みを利用することが効率的な場合もあります。必要に応じて、診察や相談の場面に同席させてもらうほか、直接、担当医等と情報交換ができると今後の指導の参考になります。機会を設けてもらえるよう、本人や保護者にお願いしてみましょう。

9月

生活のリズム、個別の指導計画の確認

夏休み明けは子どもの様子に変化が見られます。生活のリズムがなかなか戻らない子どももいます。保護者から夏休み中の様子について情報収集し、また、学級担任から学校生活の様子についても情報を収集し、個別の指導計画の確認と見直しを行います。

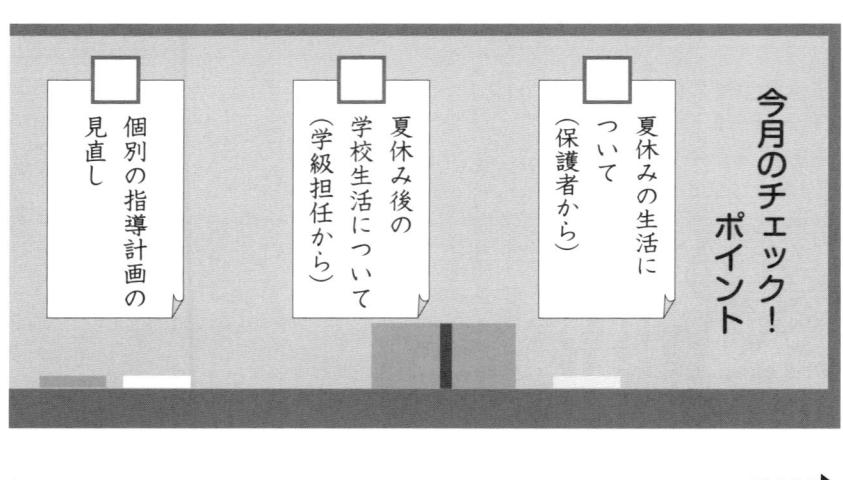

今月のチェック！ポイント

- ☐ 夏休みの生活について（保護者から）
- ☐ 夏休み後の学校生活について（学級担任から）
- ☐ 個別の指導計画の見直し

▶夏休みの生活について（保護者から）

ここ数年の日本の暑い夏は、熱中症にかかる心配もあり、冷房のないところで過ごすことが難しくなりました。一日中、冷房のある部屋で過ごしたり、冷たいものばかり飲み食いしたりすることで、体調も崩しやすくなります。大人も暑さに負けてしまいそうな夏休みは、生活のリズムも乱れてしまいがちです。夏休みの生活の様子について、保護者の反省点ばかり挙げていても仕方がありません。家の中での様子がよく見える時期なので、保護者にとっては子どもの気になる点ばかりが目につきます。まずは、子どもが夏休み中に経験したこと、それが子どもにとってどのような思い出になったと思っているかなどを聞きましょう。新たに気になってきた課題については、どのような状況で起こり、そのときどのように対応したかを聞いてみます。子どもが成長したと思うところも聞きます。中には、夏休み明けに成長が顕著に見られる子どもたちもいます。楽しい経験の中から人との関わり方やコミュニケーションの方法を学んだことを、保護者と一緒に整理してみてもよいでしょう。

September　9月の学校生活は…

夏休みの生活リズムをいつもの学校生活のリズムに。教室でのルール，基本的な生活習慣などの見直しに時間がかかる子どもに気配りが必要です。暑い中の運動会の練習が，高いハードルになる子どももいます。

夏休み後の学校生活について（学級担任から）

長い夏休み中に気持ちも行動も乱れてしまった生活リズムを，学校のリズムに戻すことは大変です。発達障害のある子どもは、リズムを整えることにとても時間がかかる場合があります。夏休み後の学校生活について担任との情報交換では、通級している子どもについても、学校がはじまったらすぐに学校生活のリズムに合わせてと焦らないようにします。気持ちの切り替えや環境への適応に時間がかかるタイプの子どもは少しずつ慣れさせていく対応も必要であることを連携します。うまく生活の切り替えができないことも含めて、9月からのスタートの様子で気になるところを簡単なメモ書き程度に記録してもらっておくとよいと思います。保護者からの情報も含めて、連絡ノートなどを活用し、三者で共有化しておくのもよいでしょう。

個別の指導計画の見直し

保護者から聞いた夏休み中の家庭生活の様子、担任から聞いた夏休み後の学校生活の様子も参考にして、7月の評価・修正を行った個別の指導計画を再度、見直します。担任や保護者とも確認し、新たな課題等が出てきた場合など、必要に応じて修正を行います。個別の指導計画は、指導の基盤になるものですが、あくまで仮説に基づいて立てた見通しですから、小さな変更も怠らず修正していくという意識をもつことが、より適切な個別の指導計画につながります。

10月

学校行事が多い時期は、学校生活に合わせて

在籍校での学校行事等が多い時期です。年間で一度しかない行事等への参加は、子どもにとっても大切です。通級による指導が抜けることもありますが、行事等への参加状況は、指導の成果を見る機会にもなります。

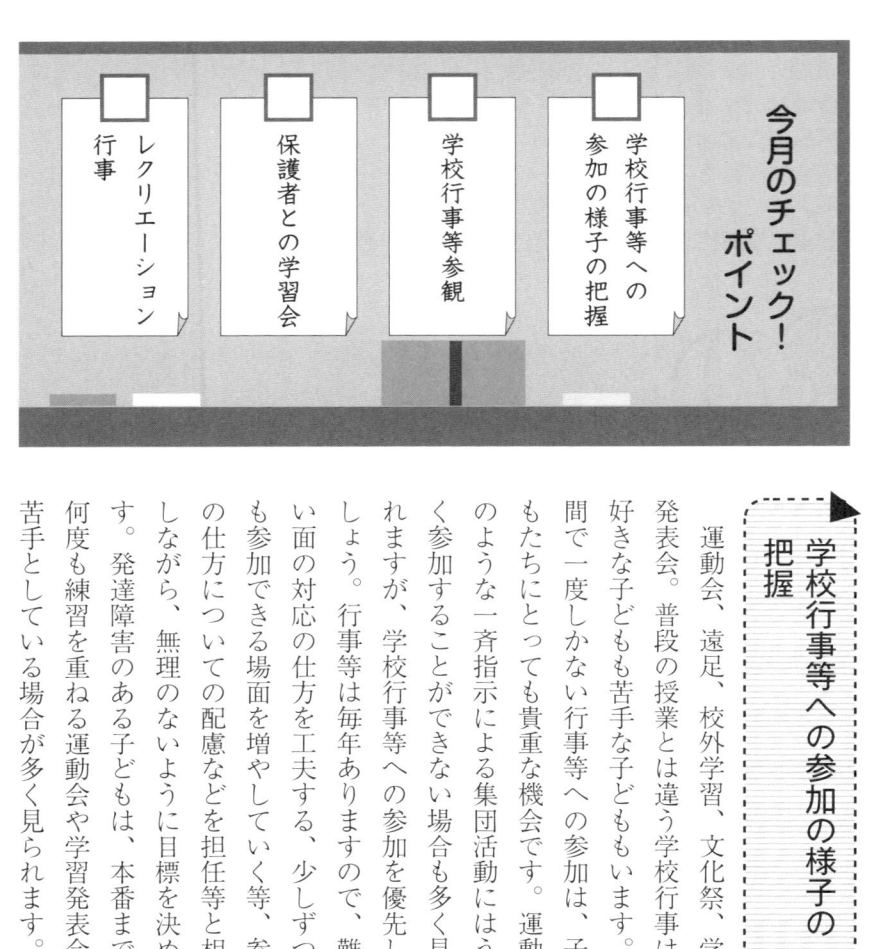

今月のチェック！ポイント

- □ 学校行事等への参加の様子の把握
- □ 学校行事等参観
- □ 保護者との学習会
- □ レクリエーション行事

▶学校行事等への参加の様子の把握

運動会、遠足、校外学習、文化祭、学習発表会。普段の授業とは違う学校行事は、好きな子どもも苦手な子どももいます。年間で一度しかない行事等への参加は、子どもたちにとっても貴重な機会です。運動会のような一斉指示による集団活動にはうまく参加することができない場合も多く見られますが、学校行事等への参加を優先しましょう。行事等は毎年ありますので、難しい面の対応の仕方を工夫する、少しずつでも参加できる場面を増やしていく等、参加の仕方についての配慮などを担任等と相談しながら、無理のないように目標を決めます。発達障害のある子どもは、本番までに何度も練習を重ねる運動会や学習発表会を苦手としている場合が多く見られます。

自分はうまく取り組めても、全体がそろっていない、うまく取り組めていない友だちがいることからやり直しになることは、全体の見通しがもてない子どもにとってはつらい経験になってしまいます。練習のすべてに参加させるのではなく、場面を選んで参加させる配慮も必要な場合があります。

▶学校行事等の参観

集団活動が難しい子どもの学校行事等への参加の様子を知ることは、通級指導で行った社会性に関する指導の成果を見る機会にもなります。行事等における注目・傾聴の態度や一斉指示行動、友だちとの関わり等の様子を可能であれば参観できるとよいでしょう。新入学の子どもははじめての行事参加の様子を、2年生以上の場合は、参加の様子を前年度と比べてみることで、成長と課題が見えてきます。参観が難しくても、行事等への参加の様子を知ることは、その後の指導の参考になりますので、保護者や担任等から情報収集をしておくようにします。

42

October 10月の学校生活は…

運動会，遠足，校外学習，文化祭，発表会など行事が多い時期。集団行動が多い学校行事は，発達障害等の特別な支援が必要な子どもには難しい活動の1つ。

行事への参加の仕方についても，校内での検討が必要です。

▶ 保護者との学習会

保護者会の組織がある場合は役員の保護者の方を中心に，組織がない場合には通級担当が中心となり，学習会を開催します。発達障害等の障害特性に関するものだけでなく，例えば，睡眠や食事のこと，家族やきょうだいのこと，進路や就労のことなど，多くの保護者が関心のあることをテーマにしたり，通級担当が共通の話題としたいことなどをテーマにしたりしてもよいと思います。通級を利用している保護者が，一堂に会する機会はあまり設けられないので，日頃，悩んでいることや困っていることを語り合うなど，懇談会のような気軽に参加できる形式にしてもよいでしょう。

▶ レクリエーション行事

家族で参加できるレクリエーション行事などを計画するのも，おもしろいと思います。バーベキューやスタンプラリーなど，家族で楽しく参加できる内容を工夫します。日頃はあまり顔を合わせる機会がない父親等にも参加してもらい，準備などを手伝ってもらうようにします。学年が違う子ども同士の関わりや，家族同士のつながりもてる機会にもなります。担当者にとっては，親子関係やきょうだい関係など，家族の中にいるときの子どもの様子を観察できる機会にもなります。野菜の嫌いな子どもが，パーティの楽しい雰囲気の中で，自分が包丁で切った野菜を食べることができ，それ以来，野菜嫌いがなくなったという例もあります。

11月

授業公開、授業研究会など

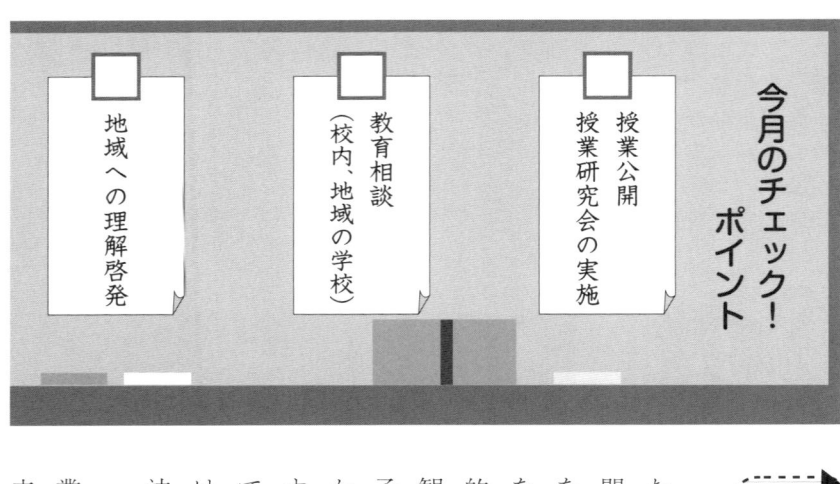

担当者の指導力の向上と子どもの見方や指導内容の共通理解、また、通級による指導について広く知ってもらうことを目的として、校内や他校の先生方に声をかけ、授業公開、授業研究会の担任だけでなく、通級している子どもを実施します。

今月のチェック！ポイント

- □ 授業公開、授業研究会の実施
- □ 教育相談（校内、地域の学校）
- □ 地域への理解啓発

▶ 授業公開、授業研究会の実施

校内や地区の研究授業を行ったり、地域の学校や保護者を対象に授業公開を行ったりして、担当者の指導力の向上をめざすと共に、通級指導教室の理解啓発を積極的に図ります。通級指導教室は個別的な指導が中心であるため、大勢の人が参観できるスペースがないかもしれません。子どもも緊張して、いつもと違う雰囲気にかえって落ち着かなくなる可能性もありますが、それも実態です。日頃の指導について、研究会組織等で授業研究を行う場合には、指導場面を録画したものを活用する方法もよいでしょう。

また、子どもの在籍学級において研究授業が行われる場合にも、個別的な支援の手立てについて等、担任と通級担当の連携が図れるとよいと思います。

▶ 教育相談（校内、地域の学校）

教育相談は年間を通して実施されますが、小学校では9～11月頃に就学時健康診断が行われ、新年度に入学する子どもの教育相談にも対応する必要が出てきます。校内では、特別支援教育コーディネーター等が保護者の相談窓口となりますが、特別な支援が必要な子どもの相談については、特別支援学級の担任や通級担当が、その専門的な立場から対応する学校も多いと思います。通級を希望する保護者の見学や教育相談の申し込みも、この頃から増えてきます。

▶ 地域への理解啓発

通級指導教室を新たに開設する地域も増えてきました。以前から取り組み、定着している地域と比べて、新たに開設された地域では、通級指導教室そのものの理解がまだ十分ではないこともあります。幼児期に療育機関を利用していたり、教育センター等で教育相談を受けていたりすれば、ことばや

November　11月の学校生活は…

学校行事の他，授業研究会等もあり，子どもたちにとっても教師にとっても，いつもと違う忙しい学校生活になります。

通常の学級の授業研究会でも，特別支援教育の視点も含めて実施する学校が増えています。

きこえの問題，LD等の発達障害のある子どもが個別的な指導を受ける場所として，通級指導教室のことが紹介される機会もあると思います。しかし，専門機関を利用していない場合は，学校で担任からはじめて通級の話を聞いたということもあります。教育委員会や学校が主催して，通級指導についての説明会や見学会を行うことも，地域の特別支援教育推進の役割の一端を担うことになります。

〜〜就学時の健康診断について〜〜

　　就学時の健康診断は，小学校等への就学予定者を対象に行われるもので，その実施が市町村教育委員会に義務付けられています。市町村の教育委員会が就学予定者の心身の状況を把握し，小学校への就学にあたって，治療の勧告，保健上必要な助言を行うと共に，適正な就学を図ることを目的としています。事後の対応として，市町村教育委員会は，担当医師及び歯科医師の所見に照らして，治療を勧告し，保健上必要な助言を行うこととなります。また，義務教育の就学の猶予，免除，特別支援学校（盲学校，聾学校，養護学校）への就学に関する指導を行う等，適切な措置をとることとなります。一般的には，学籍簿をもとに就学予定の地域の小学校で受けることになりますので，通級担当も教職員として役割を担います。学校長などの学校関係者と共に，専門的な立場から保護者の相談にのることもあります。

12月

行事等での子どもたちの成長と指導の振り返りを

行事等が多かった9〜12月は、子どもたちにも様々な変化をもたらす時期です。子どもたちにとって、行事等の集団行動はやはり苦手な場合が多く見られます。指導場面での様子だけでなく、在籍学級での行事等での様子を担任から情報を得てまとめておくことが、今後の参考になります。

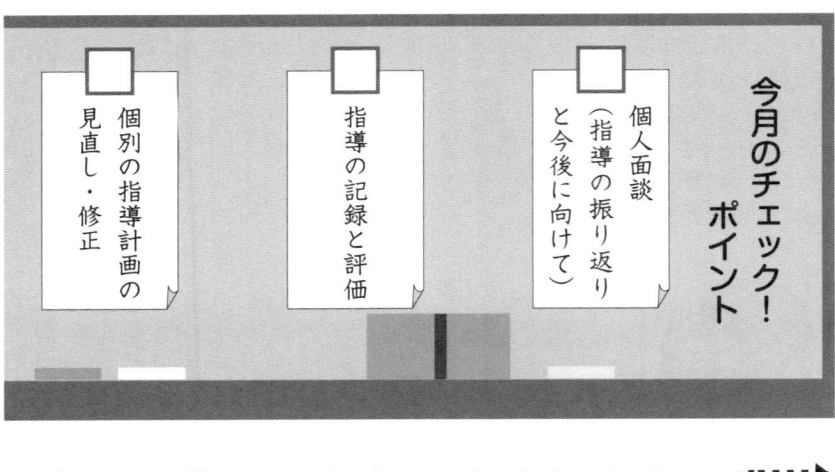

今月のチェック！ポイント

- ☐ 個人面談（指導の振り返りと今後に向けて）
- ☐ 指導の記録と評価
- ☐ 個別の指導計画の見直し・修正

▶ **個人面談（指導の振り返りと今後に向けて）**

9〜12月は、行事等で学校生活にも変化があり、子どもたちの様子にも変化が大きく見られる時期でもあります。1年生であれば、はじめての学校行事への参加状況はどうだったか、2年生以上の場合は、前年度と比べて参加状況はどのように変わっていたかなど、次年度に向けて保護者と共に整理しておくとよいでしょう。また、運動会や学習発表会のように一定の練習期間がある行事等については、練習期間中の心身の状態が家庭生活にも大きな影響を及ぼす場合があります。練習から本番までの様子、行事が終わりいつもの生活に戻った後の様子など、行事等による家庭生活への影響なども整理しておくと、次年度以降の対応の参考になります。

▶ **指導の記録と評価**

集団適応が難しいために通級指導を受けている子どもの場合は、行事等への参加の様子の変化が、通級で行っている適応力を高めるための指導について評価する1つの指標にもなります。また、行事等への参加の仕方の工夫について、在籍学級の担任等とどのくらい相談し合い検討することができたかは、連携の度合いの評価にもなります。通級指導の評価を行う際には、通級指導教室における子どもの学習状況についての評価と指導内容・方法等の評価を行うだけでなく、それが在籍学級での状態の変化にどのようにつながっているかについても評価することが重要です。通級指導教室は、在籍学級と連続性のある学びの場です。通級指導が、在籍学級における子どもの状態の変化に成果としてつながり、その効果的な指導が、在籍学級における担任等の指導へとつながっていくことが、子どもの状態の改善の早道となっていきます。在籍学級における子どもの状態の変化を見るために、チェックリストなどを活用する方法もあります。

December 12月の学校生活は…

学校生活に変化が多く，先生も子どもたちも忙しかった時期が終わり，疲れから体調を崩しやすい子どもも少なからずいます。

ゆっくりクールダウンして，心身ともに安定した冬休みを迎えることができるようにします。

冬休みの過ごし方

▶ 個別の指導計画の見直し・修正

個別の指導計画は、子どもの学習状況や指導の結果に基づいて、適宜、計画（Plan）、実践（Do）、評価（Check）、改善（Action）のサイクルに従い、見直し・修正を図りますが、毎回の指導のたびに書き換えるものではありません。例えば10回程度の指導実施後、2〜3か月程度の一定期間の指導を実施した後に行うなど、見直しをする期間を決めておくようにします。1、2、3学期ごとや前期・後期で考えたりしてもよいと思います。発達障害等のある子どもの場合は、状態も大きく変化することが予想されますので、学習状況や指導の結果に基づいて修正されていくことが、実態に応じた個別の指導計画の作成、活用の充実につながります。

▶ 冬休みの過ごし方

冬休みは、クリスマス、正月など年末年始のイベントが多く、大人も慌ただしく過ごしてしまいがちです。夏休みは自由な時間が多く、生活のリズムが大きく乱れないように長期的な計画を立てて過ごすことになりますが、冬休みは自分で計画するよりも、家族や親せきの人たちと過ごす機会なども、決められた計画に合わせることの方が多くなります。楽しいイベントを通して、決められたルールに従うこと、人との関わり方やコミュニケーションのとり方を経験するなど、たくさんの人と接する機会になるとよいと思います。

1月

年間を通して指導計画を見直し、まとめの時期に

冬休み明けから年度末までは2か月程度と短いので、年間を通した指導計画の見直し、修正を行います。特に冬休み明けは指導経過の評価を含めて、年間を通した指導計画の見直し、修正を行います。特に冬休みはイベントも多いことから、夏休み後と同様、生活の様子を保護者、担任等から情報収集します。

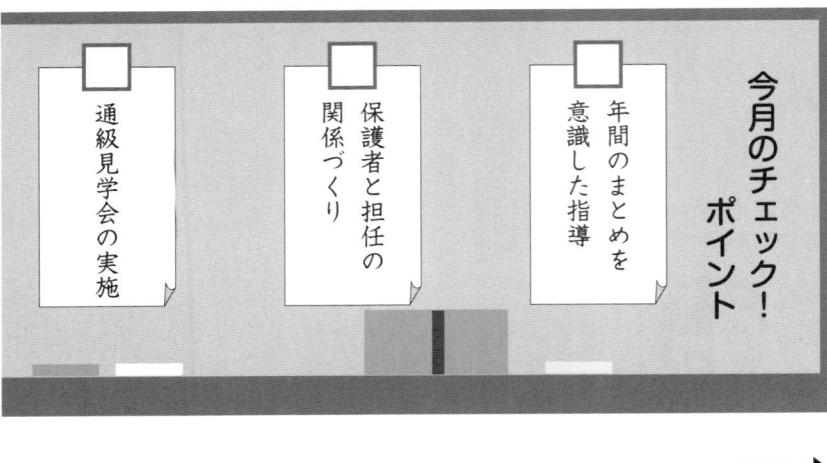

今月のチェック！ポイント

- □ 年間のまとめを意識した指導
- □ 保護者と担任の関係づくり
- □ 通級見学会の実施

▶ 年間のまとめを意識した指導

冬休み明けは年度末まで、約2か月と短い指導期間となります。次年度の指導の必要性についても検討しながら、1年間のまとめを意識して指導を行います。

個別の指導計画の長期目標（年間指導目標）の達成についての評価も行うことになります。長期目標を達成するために段階的に設けた短期目標について、新しい課題を設定して指導を行う、また、長期目標の達成を評価する観点から、これまでにも設定した課題について、その学習状況や定着状況などを再度確認するための課題を設定するという考え方もあります。4月当初の子どもの様子と約1年間の指導を経てきた子どもの様子の変容を確認しながら指導を行います。

▶ 保護者と担任の関係づくり

わかりやすい設定の通級指導教室では落ち着いて学習していても、在籍学級ではあまり状態が変わらないという場合も出てきます。保護者からすれば、どうして通級と在籍学級とでは子どもの様子が違うのだろうと疑問を抱きます。その疑問が担任の批判や不満となり、通級担当にもらすことがあります。一方で、子どもへの関わり等で親子関係に問題を感じている担任等から、保護者の子どもの見方に対して疑問視するようなことが伝えられることがあります。

いずれの場合も、通級担当が保護者や担任等との信頼関係ができている証ではありますが、対応は慎重にする必要があります。保護者の担任批判、担任の保護者への不信感に対して賛同することは、決して保護者と担任の関係づくりにはつながりません。保護者の担任批判に対しては、保護者の思いは十分に受け止めつつ、担任のよい面を伝えます。担任の保護者への不信感には、担任の気持ちは受け止めつつ保護者が努力している面を伝えます。

January 1月の学校生活は…

冬休みはクリスマスやお正月など，家庭でも様々な楽しいイベントを多く体験する時期。

子どもたちの体験は大切にしつつ，生活のリズムをいつもの学校生活のリズムへ。

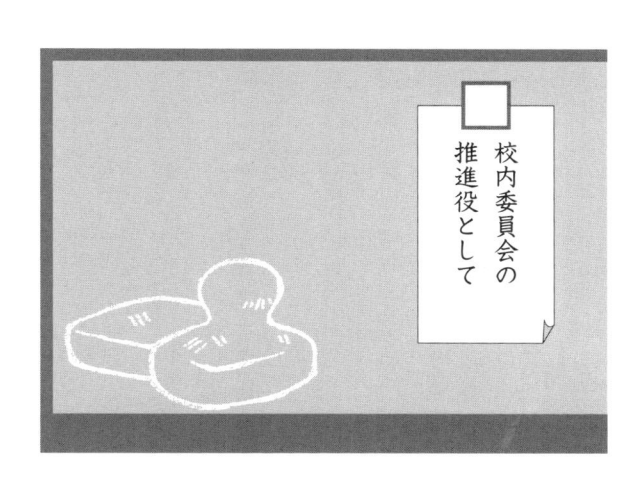

校内委員会の推進役として

通級見学会の実施

年度の後半になると、通級指導教室の見学希望が増えてきます。見学会の日を設定し対応するのが効率的です。見学会は保護者だけでなく、学校関係者にも対応できるようにします。個別指導の様子や教材・教具、施設設備などを見て、期待感が膨らむ保護者や学校関係者は多いと思います。

通級指導教室は、子どもが通いたくなるような魅力的な場所でなければなりませんが、ずっと通う場所ではないこともきちんと説明する必要があります。子どもの適応状態が安定してくれば通う必要がなくなること、そのためには、学校でも特性に応じた指導・支援を積極的に実践してもらうこと、家庭でも子どもが安定する関わりを工夫してもらうことなど、通級指導教室と在籍校、家庭がうまく連携することで、より効果的な指導を行うことができます。

校内委員会の推進役として

文部科学省が2012年に実施した「通常の学級に在籍する発達障害の可能性のある特別な教育的支援を必要とする児童生徒に関する調査」によれば、知的発達に遅れはないものの学習面又は行動面で著しい困難を示す児童生徒の割合は、6.5％でした。そのうち、「校内委員会において、現在、特別な教育的支援が必要と判断されている」児童生徒の割合は18.4％でした。また、現在、通級による指導を受けている児童生徒の割合は約4％でした。

この結果からは、校内委員会が特別な教育的支援が必要かどうかの判断、具体的な支援方策の検討という機能があまり果たされていないということが読み取れます。特別支援学級担任や通級担当は、校内の専門的な立場から校内委員会等の推進役を率先して担うことも求められます。

2月

子どもの成長と課題についての整理を

子どもの成長したところと課題として残っているところについて、保護者や担任と話し合い、整理します。家庭でできること（役割）、通級でできること（役割）、担任等ができること（役割）について、次年度の指導の方針を明らかにします。

今月のチェック！ポイント

- ☐ 三者面談の実施
- ☐ 子どもの成長と課題
- ☐ 家庭、学校、通級の役割と連携

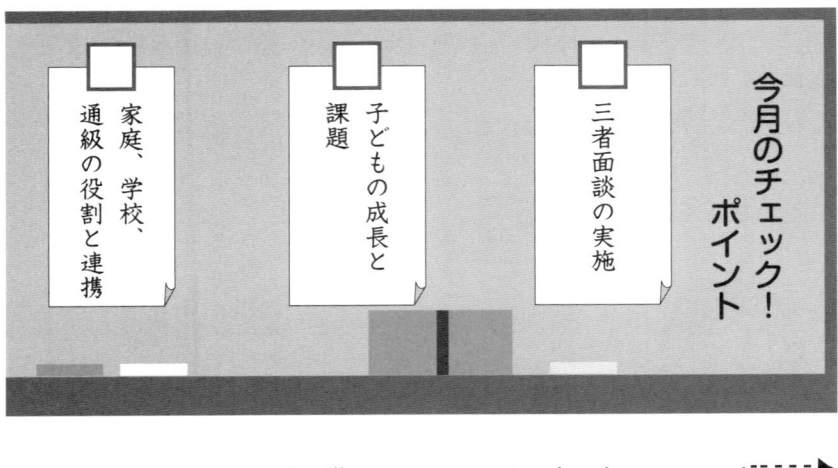

▶三者面談の実施

1年間の指導を振り返り、次年度に向けての課題と対応について、通級担当と保護者、担任による三者面談を行います。高学年の場合は、必要に応じて、本人にも参加してもらう四者面談もあると思います。

三者面談は、年1回この時期に行うのがよいというわけではありません。年間計画の中にあらかじめ位置づけて一定期間の指導経過後に行う場合、子どもの状態に緊急度が高い場合には随時行われることもあると思います。三者が同じ場で話し合う機会が多いほど、子どもの状態についての情報の共有化、共通理解が図りやすくなります。それぞれの考えを気軽に出し合えるような雰囲気を大切にしながらも、話し合いの目的を明確化して情報交換するようにします。

▶子どもの成長と課題

子どもの成長とは、状態がよい方向に転換することばかりではありません。成長することにより、また新しい課題が見えてくることもあります。子どもの成長と課題を振り返るときには、抱える困難さがどう改善されたかという観点だけでなく、これまで見られなかった変化にも目を向ける観点が重要です。指導の記録等を参考に、4月の通級開始当初から現在に至るまでの子どもの様子の変化を追っていくようにします。保護者や担任にとって通級指導教室を利用する目的は、適応状態の改善であり、困難さの改善だけに注目しがちです。発達段階というおさえを忘れずに、子どもの全体像を見るという観点での共通理解がとても大切です。

▶家庭、学校、通級の役割と連携

家庭は、衣食住の生活の基盤であり、学校とは違います。通級では、個別的な学習はできますが、大勢での活動を通した学習

Feburary 2月の学校生活は…

　一段と寒さが増し，インフルエンザや風邪が流行る時期は，子どもたちの体力も落ちる時期で，健康管理に重点が置かれます。
　学年最後の授業参観や懇談会では，1年間の子どもたちの成長を保護者と共有します。

保護者、担任・
学校への支援
のまとめ

保護者、担任・学校への支援のまとめ

　は経験できません。家庭、学校、通級での姿が違う子どもがいます。それぞれ違う場面で違う姿の子どもを見ていることになりますが、どれも子どもの姿であることには変わりがありません。それぞれの場面でしか経験できないことがありますが、その場面でしかできないとまた困ります。家庭でできないことは学校や通級で、学校でできないことは家庭や通級でという発想は間違いではありません。違う場面での子どもの様子を想像しながら、今ここでできる指導や支援は何があるだろうかとそれぞれが認識して関わることができると、家庭、学校、通級の役割分担と連携がとてもうまく機能します。

　家庭と学校、そして通級がうまく連携した役割分担ができるほど成果があがると述べました。保護者が子どもの状態をどのように把握し、家庭での関わり方を工夫したか、在籍校で担任等が子どもの特性に応じた適切な指導・支援をどのように行ったか、

また、学校は担任を支える校内支援体制をどのように整備してきたかなどについても、1年間の振り返りを行います。子どもの変容に関する評価だけでなく、保護者、担任、学校についての評価も行うということになります。

　それは、通級担当が保護者、担任、学校関係者が子どもへの指導・支援を行う際に、どれくらい効果的な連携が図られ、共通理解のもとで協働ができたのか、通級担当による家庭や学校を支援するシステムが、うまく機能したかどうかの評価にもなります。

3月

1年間の指導のまとめを

1年間の指導のまとめとして、指導の評価を行います。通級担当、保護者、担任、その他の関係者の意見をまとめ、在籍校の校内委員会等において、指導の終了、もしくは継続について総合的に判断をします。1年間の指導のまとめを、子どもの在籍校に提供します。

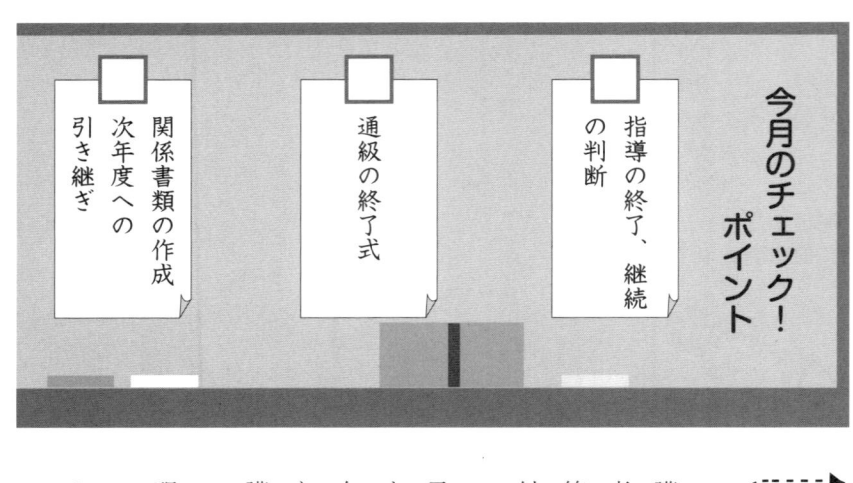

通級による指導の利用を決定したわけですから、最終的な判断は在籍校がすることになります。参考となる意見が述べられるように、個別の指導計画に基づいた指導の評価をきちんと行い、できるだけ客観的な視点から子どもの状態をまとめておくようにします。

今月のチェック！ポイント

- □ 指導の終了、継続の判断
- □ 通級の終了式
- □ 関係書類の作成 次年度への引き継ぎ

▶ 指導の終了、継続の判断

指導の終了か継続かの判断は、本人、保護者、担任等の学校関係者の意見などを参考に、子どもが在籍する学校の校内委員会等で総合的に判断します。必要に応じて、外部の専門家の意見等も参考にします。その際、直接、指導を行ってきた通級担当の子どもの捉えはとても重要な要素となります。通級担当は、子どもに直接指導を行い、在籍学級での様子を参観したり、担任等とも話し合いをしたりしています。また、保護者とも面談等を行っています。

学校や家庭の様子もある程度把握して、現状を見ることができる立場にありますので、指導の終了か継続かの判断を委ねられることがあります。しかし、在籍校において、教育課程の一部を変更する又は加え

て通級の行事等で知り合った1年間通ったメンバーの再

▶ 通級の終了式

通級指導教室の終了式は、必ず行うべきものではありませんが、年度のはじまりを開始式でスタートしたのであれば、同様に式典への参加の練習を兼ねてと考えてみてはどうでしょう。1年間、子どもたちがもう1つの教室に通い続けたことに対するねぎらいと、次年度に向けての励ましができるとよいと思います。

通級指導は、年度途中での指導開始や指導終了などもあります。途中で終了になった子どもたちには、その都度個々にねぎらいと励ましにより送り出せるとよいと思います。開始式とは違うメンバーになるかもしれませんが、1年間通った子どもたちに

52

March 3月の学校生活は…

子どもたちは1年間の学びの総括をすると共に，次の学年への進級の意識が高まります。年間の指導の評価と子どもの評価，次学年への引き継ぎ資料を作成します。

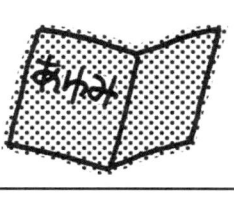

▶ 関係書類の作成、次年度への引き継ぎ

年度末に作成、提出する関係書類についても、通級の開始に関する書類と同様、リストアップし一覧にしておくとよいと思います。例えば、教育委員会には指導の終了者、継続者名簿の作成、提出などがあり、在籍校には指導要録に通級指導について記入してもらうための関係書類など、自治体や学校ごとに整えておくものは違うと思います。

年度末から新年度にかけては教員の異動もあります。通級担当も例外ではありません。通級指導に関する引き継ぎ事項には以下のようなものが考えられます。

・新しい通級担当への引き継ぎ
・在籍校の新しい担任への引き継ぎ
・小学校を卒業する場合は、進学する中学校への引き継ぎ
・卒業生が中学校でも通級を利用する場合

会の機会にもなります。6年生で通級していた子どもに対して、通級も1つの節目であると考え、卒業をお祝いする会などを実施しているところもあります。

は、中学校の通級担当への引き継ぎ
個別の指導計画や個別の教育支援計画、指導の記録など、子どもの現在の様子だけでなく、指導の経過がわかるものを引き継ぎ資料として作成しておきます。通級担当自身が他の学校に異動の場合は難しいと思いますが、できれば新年度に新しい担任等に直接会い、引き継ぎ資料をもとに話し合いがもてるとよいと思います。

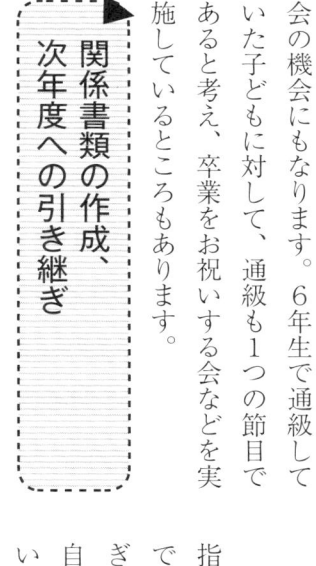

【通級担当としてやりがいを感じるとき・1】
ユニークな子どもたちとの出会いを楽しむ

◆私が通級担当になったきっかけ

　私が通級担当になりたいと思ったきっかけは，沖縄の「アメラジアンの子どもたち」との出会いです。「アメラジアンの子どもたち」は，「沖縄の地」で，「日本人」と「アメリカ人」の狭間で葛藤し「自分はいったい何者なのか」と苦悩し生活しています。彼らとの出会いから，教育とは何か，この子たちにはどんな教育が必要なのかを考えることで，彼らのような「マイノリティー」の存在こそ，現代社会の本当の姿，集団の真の価値を映し出していることに気づかされました。

　同様に，「マイノリティー」の存在として「発達障害のある子どもたち」を知り，彼らとの出会いがありました。彼らもまた，「通常の学級」の中で，「普通」「普通じゃない」の狭間で葛藤し「自分はいったい何者なのか」と苦悩し生活しています。

　私は，彼らの葛藤や苦悩する気持ちに寄り添い，「自分らしく前向きに，個性的に生きる」ことを支援することこそが通級担当としての使命であると考えています。

◆サラマンカ宣言こそ原点

　「アメラジアンの子どもたち」「発達障害のある子どもたち」等のマイノリティーの子どもたちの教育を考える中で，「サラマンカ宣言」の存在を知りました。そして，サラマンカ宣言内にある「特別なニーズ教育」こそ，発達障害のある子どもたちに必要であると強く感じました。

　私は，通級担当として，サラマンカ宣言内の「すべての子どもは，ユニークな特性，関心，能力および学習のニーズをもっており，教育システムはきわめて多様なこうした特性やニーズを考慮にいれて計画・立案され，教育計画が実施されなければならない」ということばを胸に抱き，このことばを具現化するために，今後も通級指導を行っていきたいと思っています。

◆ユニークな子どもたちとの出会い

　通級担当としての楽しみは，「ユニークな子どもたち」との出会いです。サラマンカ宣言にも「すべての子どもは，ユニークな特性，関心，能力および学習のニーズをもっており」とあり，「ユニーク」という言葉が使われています。この「唯一の，特有の，他に存在しない，独自の」と「面白い，独特な，珍しい，変わった」の２つを意味することばは，通級で出会う子どもたちを形容するにはピッタリなように思います。私の担当している通級には約90名の児童が通っていますが，同じ個性をもった子どもは１人もいません。一人ひとりが違うからこそ，一人ひとりの「ユニークな子どもたち」との出会いはとても楽しいものです。通級担当として，彼ら一人ひとりの「違い」に触れることは大きな喜びとなっています。

（岡田克己）

第3章 先輩に学ぶ！教室運営Q&A

先生みたいな通級指導の担当者になりたい！
イキイキと活躍されるベテラン通級指導の担当者に，その仕事ぶりのコツを教えていただきました。

先輩に学ぶ！

Q1 子どもの実態把握はどのようにしたらよいでしょうか

山下公司

子どもに関わるそれぞれの立場から情報を集めることで、多面的により鮮明に子どもの姿が見えてくるようになります。以下の4点を、指導を開始する前に行います。

1 保護者からの聴き取り

まずは、保護者から話を聴くようにしています。主訴（子どもに対して何を困っていて、通級指導教室に何を望むか）、生育歴（これまでの育ちの様子や相談歴、就学前の教育歴）、家庭環境（きょうだい関係、祖父母の様子）、家庭での様子や友だち関係、保護者から見た在籍学級での子どもの様子、放課後の過ごし方（習い事や療育機関）、日常生活スキル、得意な面やよさ、好きなことなどを聴き取ります。

ここでは、子どもの置かれている環境について整理しておきます。家庭以外でも活用できそうなリソースがあれば確認しておき、連携可能であれば連携を視野に入れていくことも重要だと思います。

また、保護者も含め子どもがこれまでどのような育ちをしてきたかを確認することがとても重要です。例えば、単に「ことば

2 在籍学級担任からの聴き取り

保護者から話を聴いたうえで、在籍学級担任と直接お会いし、学校での様子を聴き取ります。学級における子どもの様子、同じ学級の子どもとの関わり、係活動や当番活動への参加状況、学習の様子を細かく話を聴きます。場面を限定しながら、「掃除場面では、どのような様子ですか？」「板書を写す際には、時間がかかりますか？」など、より具体的に話を聴くようにしています。そうすることで、担任がより子どもの具体的な話をしてくれるようになり、実態把握も進みます。

学校内でのサポート状況（T・Tの活用状況や学習支援員の活用、校内リソース）についても情報を集めます。通級だけの支援ではなく、様々な形での支援を模索していくためです。また、保護者からの聴き取

が遅れていた」という情報だけでなく、背景となる本人や保護者のストーリーを思い描くことで、より子どもの実態把握が進むと共に、保護者支援の視点がもてるのではないでしょうか。

りと同様に、在籍学級担任からも、子どものよさや得意な面を見ることができます。よさや得意な面は、長所として指導に生かすことが可能になります。

最後に主訴（子どもにこうなってほしいという姿、こうなれば本人も過ごしやすくなるだろうと思えること）を聴き取ります。保護者から聴き取った主訴と在籍学級担任から聴いた主訴を突き合わせ、通級指導の際の目標設定の参考にします。

3 テスト・作品の読み取り

WISC-ⅣやK-ABCといった発達検査も指導の参考になる重要な情報です。1、2で集めてきた実態と、それぞれの検査から読み取れる内容で合致する部分を考えます。客観的に子どもの得意なことや苦手なことがわかり、指導の参考になります。小集団指導を行うことが考えられる場合には、在籍学級担任からソーシャルスキルの獲得状況の把握をお願いします。

子どもが手がけた作品や書いたものなども、とても参考になります。図工の作品であれば、人物の描き方や絵の塗り方、はさ

みやのりの使い方からボディイメージや不器用さも見ることができます。書いたものでは、例えば、「書くことが苦手」という情報であれば、その根拠を見つけることができます。単純に書字のレベルでの書くことの苦手さなのか、文章として構成していくことの苦手さなのか、根拠を探していくことが実態把握では重要であり、そのことを通して指導のポイントを決めていきます。

4 各関係機関からの聴き取り

保護者の了解が得られれば、医療機関や相談機関からも情報を得ておくとよいと思います。医療の立場からの見立てや身体の発育、服薬に関する情報が得られる場合があります。作業療法、理学療法、言語療法や心理療法を受けている場合もあり、情報を得ることで、よりよい支援が可能になります。

指導を開始した際には、指導時の行動観察や在籍学級への授業参観から実態把握をより進めます。

先輩に学ぶ！

Q2 指導目標，指導内容はどのように決定したらよいですか

公文眞由美

1 定番がないからこそワクワク

通級による指導には、決まった目標やカリキュラムがあるわけではありません。子どもの実態に応じて、自分で指導計画を作成します。「うわぁ、大変だぁ」と、思われるかもしれませんが、何もない分、自分のアイデアを生かして、工夫できます。ワクワクしませんか。

指導目標が決まったら、次に目標を達成するために必要な指導内容を決定していきます。その際、自立活動の内容の6区分（①健康の保持、②心理的な安定、③人間関係の形成、④環境の把握、⑤身体の動き、⑥コミュニケーション）の中に示されている各項目から必要な項目を選定し、選定した項目を相互に関連づけた具体的な指導内容を設定します。

具体的な流れについて、事例をもとに説明します。

2 目標や内容は実態に合わせて優先順位を

子どもの困っていること、得意なことがわかってきたら、生活上の困難さや学習上の困難さを改善・克服するための指導目標を立てます。その際、簡単に取り組めて目標の達成を実感できるようなことからはじめられるように、保護者とも話し合いながら、指導目標に優先順位をつけることが重要です。通級指導教室はまず、子どもが楽しく通ってくることが大切です。大人が子どもについて何とかしたいと思っていることは、実は子どもにとっては一番難しい、修正に時間がかかることが多いものです。

3 授業中じっとしているのが苦手なAさん

Aさんは、とっても元気な小学2年生です。休み時間、ときどきトラブルはありますが、外で元気いっぱいに遊んでいます。ところが、授業中のAさんは、先生の話をじっと聞くことが苦手です。いつの間にか、椅子の上に足が乗っかっていることもしばしばで、担任に毎日注意されていました。家に帰ると、お母さんとの宿題バトルが待

子どもの実態	○授業に集中したり，指示を聞いて実行したりすることや，整理整頓が苦手である。 ○音読は逐次読みで，少し長い文章になると読まずに解答していることが多い。 ○友だちとトラブルになることがあるが，なぜそうなってしまったのか説明することが難しく「わからん」ということばで済ませることが多い。	←子どもの実態
指導目標	○音読がスムーズにできるようにする。 ○眼球運動の改善と体幹の姿勢保持，集中力の向上を図る。 ○相手に伝わる話し方ができるようにする。	←優先順位をつけた指導目標

6つの自立活動の区分 / **必要な項目の選定**

1 健康の保持	2 心理的な安定	3 人間関係の形成	4 環境の把握	5 身体の動き	6 コミュニケーション
	○情緒の安定に関すること ○障害による学習上の又は生活上の困難の改善・克服に関すること	○他者との関わりの基礎に関すること ○自己の理解と行動の調整に関すること ○集団への参加の基礎に関すること	○感覚や認知の特性への対応に関すること ○感覚を総合的に活用した周囲の状況の把握に関すること	○姿勢と運動・動作の基本的技能に関すること ○作業に必要な動作と円滑な遂行に関すること	○言語の形成と活用に関すること ○状況に応じたコミュニケーションに関すること

具体的な内容

○自分の苦手さを知り，改善しようとする意欲をもつ。	○「いつ，誰が，どこで……」など５Ｗ１Ｈを使って相手にわかる話し方をすることができる。 ○他者の気持ちやまわりの状況を把握し，ルールを守ったりタイミングよく声をかけたりすることができる。	○視覚機能の向上を図る。 ○拗音，促音，漢字などに気をつけて，音読がスムーズにできるようにする。 ○姿勢を３分以上保持することができる

っています。特に，音読の宿題や作文は，大の苦手でした。

Ａさんは，本当は困っていたのです。聞いたことを覚えておくことが苦手で，２つ以上のことを同時に言われるとわからなくなってしまいます。音読は，逐次読みです。読書力検査中は時間内で終わらず，文章題はほとんど読まずに，当てずっぽうで解答していました。また，眼球運動も苦手なことがわかりました。

そこで，Ａさんの実態の中から文章の読みの苦手さにアプローチしていけば，効果を実感しながら楽しく学習できるのではないかと考えました。また，説明の苦手さについては，改善には時間がかかると考え，指導目標に優先順位をつけていきました。

音読の苦手さは，眼球運動の問題とことばをかたまりとして捉えることが苦手なためではないかと仮説を立て，読みに自信をもたせるための目標を決めました。

次に，６つの自立活動の区分の中から必要な項目を選択していきます。そして，それらを関連づけながら目標を達成するための具体的な内容を，上の表のように設定していきました。

先輩に学ぶ！
Q3 個別の指導計画の作成ではどのようなことを重視したらよいですか

日野久美子

1 通級指導教室の指針

通級指導教室に通う子どもは、支援が必要ですから、在籍学級担任も個別の指導計画を作成していると思います。しかし、同じ子どもの指導でも、通級担当が関わる時間や場面は、学級担任とは違います。

また、通級での指導には、教科書をはじめ、決められた指導内容が先にあるのではありません。子どものもつ課題をいかに支援していくかについて、担当者自身が立案・計画していかなければなりません。したがって、通級担当が作成する個別の指導計画は、その子どもの指導の指針となるものです。

個別の指導計画の形式には、いろいろな様式があります。地域の教育委員会や教育センターからモデルが示されているところもたくさんあります。ここでは、通級担当として、それを作成したり記入したりしていくときに心がけていることを述べます。

2 個別の指導計画の全体

個別の指導計画には、週に1回程度の指導を効果的に行うための、子どもの「実態把握」と、それに応じた「指導目標」「指導内容・方法」及び「評価」が示されていることが大切です。

私の場合は、指導内容を、「学習面」「行動面」「社会性」という側面から考えて活動内容を組み立てています。そこで、「実態把握」から「評価」まで、指導計画全体を通してこの3つの視点から捉えるようにしています。

3 作成するときのポイント

「実態把握」では、新年度の早い時期に、学級や家庭での学習や生活についての情報を、担任・保護者と共有する場を設けます。苦手な課題や活動場面だけでなく、得意（好き）な活動、興味・関心のあること等についての情報も大切です。特に、指導の開始時期には、子どもの好きな活動の中に本人の課題に迫る内容を組み入れていくよ

うにしています。そうすると、子どもは学習に取り組みやすくなり、担当との信頼関係づくりにも有効です。また、学校や家庭で心がけていることや対応の仕方についても、聞いておくとよいと思います。

合わせて、心理検査等の結果やその報告書も大事な資料になります。指導中の子どもの様子といつでも照らし合わせて、その背景を客観的に捉えられるようにしておくことも大切です。

「指導目標」に関しては、学級担任や保護者の「通級指導教室での指導を通してこのようになってほしい」という願いも聞くようにしています。課題はいろいろあると思いますが、「担任として、親として、こうなってほしい」という期待する姿を聞いておくと、その後の連携もとりやすくなります。高学年になって、子ども自身の自己理解が進めば、子ども自身の願いも直接把握しておくとよいと思います。そのうえで、先の子どもの実態と合わせて、通級担当が「1年後にこうなってほしい」という姿を決めて長期目標を設定し、それに向けて1学期ごとの短期目標を設定しています。「指導内容と方法」も、「学習面」「行動

面」「社会性」の側面から組み立てています。実際の指導では、その場に応じていろいろな活動が入ってきますが、ここでは、あらかじめ指導の様子をイメージして主なものを記入しておきます。

「評価」については、指導時間ごとに、活動内容とそのねらい、そのときの子どもの反応等を日々の記録として残しています。

これらの日々の指導や子どもの変容を学期ごとにまとめて評価し総括したものが、個別の指導計画の評価となっていきます。

また、多くの子どもは、在籍学級担任から「通知表」をもらいますが、通級指導に関する「通知表」も担当者が作成しています。個別の指導計画の目標と評価は、この通知表の内容とも重なってきます。

全体を通して共通することは、どの項目も、できるだけ具体的に表現するということです。「いつ・どこで・どのように」「よい対応だけでなく、うまくいかなかった対応も記録する」ことが次につながります。また、「実態把握」から「指導目標」「指導内容・方法」及び「評価」まで、きちんと筋が通っているようにわかりやすく書くことを特に心がけています。

4 「中心の課題」に迫る指導計画

学校や家庭のいろいろな情報から、子どもの様々な姿が見えてきます。一見バラバラに思えても、その子どもの中心の課題が見えていく中で、通級での指導を進めていくことがあります。例えば、文字の字形が整わないのも、体育の準備運動で1人だけずれてしまうのも、ゲームに負けて友だちに当たったりするのも、「不器用さ」という特性が中心の課題として浮かび上がってきます。そうすると、今度は逆に、これを念頭に置いていろいろな場面で関わっていけば、より効果的な指導につながると思います。

はじめからこの課題をつかむことは難しいでしょう。しかし、個別の指導計画を作成する中で、常に「子どもの『困り感』はどこから来ているのか」「どうすればその『困り感』が軽減されるのか」を考えていくことで、効果的な「個に応じた指導」につながると思います。

平成○○年度　　個別の指導計画　―1―　（在籍校・家庭での実態）※一部抜粋

	在籍校での様子	現在の対応
学習面	年度初めに面談（情報交換）して，そのときの話を整理して書く。面談の際に，これらの項目を視点としてもちながら情報を収集すると，記入しやすい	
行動面		
その他社会性・対人関係	パニック等の状況（苦手な感覚や環境・状態）と合わせて，クールダウンの方法（場所や環境）等も記入する	

心理的に安定する場面等		不安定になりやすい場面等	

担任が気になっていること	年度初めや年度途中で，わかったときに記入する

その他（メモ）

平成○○年度　　個別の指導計画　―2―　（検査結果及び所見，中心の課題）

在籍学校名	小学校	年　組	氏名	

検査名・実施日・実施場所	結果	所見
	集団知能検査や学力テスト，個別心理検査等の結果がわかれば，記入する	詳しい検査報告書がある場合は，「別紙参照」と記入し，合わせて保存して活用する

【所見】日付	〈中心の課題〉
	・子どもの「困り感」の中心となる要因や特性について，診断名や検査結果も考慮しつつ，日頃の指導を通して考えたことを簡潔にまとめる ・指導開始頃の印象や指導期間中の特記すべき行動等 ・年度終わりには，次年度への引き継ぎも含め，現在の課題等

平成〇〇年度　　個別の指導計画　―3―　（指導目標・内容・評価等）

在籍学校名	小学校	年　組	氏名	

最終記入日：平成　年　月　日
記入者名：

本人の願い	保護者の願い	担任の願い
子どもの発達段階に応じて聞き取り，記入する	年度初めの面談時に聞き取り，記入する	

長期目標	担当として，年度末に期待する子どもの姿を指導開始時に記入

		1学期	2学期	3学期
短期目標		長期目標を受けて，その学期末に期待する子どもの姿を記入		
指導内容と方法	学：	1学期の指導前，あるいは指導開始後の早い時期に記入する	前学期の「評価と今後の課題」を記入後，合わせて記入する	
	行：		行：	行：
	コ：	〈学・行・コ〉の視点に応じて，指導内容・方法の主なものを挙げておく		
評価と今後の課題	学：		学：	学：
	行：	・学期の終わりに記入する ・通知表の評価も，基本的にはこれに準じると効果的である		
	コ：	・「指導内容と方法」に対応させ，〈学・行・コ〉の視点から記入すると，次学期につなげやすい ・子どもの姿（具体的な反応の様子等）があると，引き継ぎ時にわかりやすい	コ：	コ：

学：学習面　　　行：行動面　　　コ：コミュニケーション，社会性等

先輩に学ぶ！
Q4 教育課程はどのように編成したらよいでしょうか

小松直樹

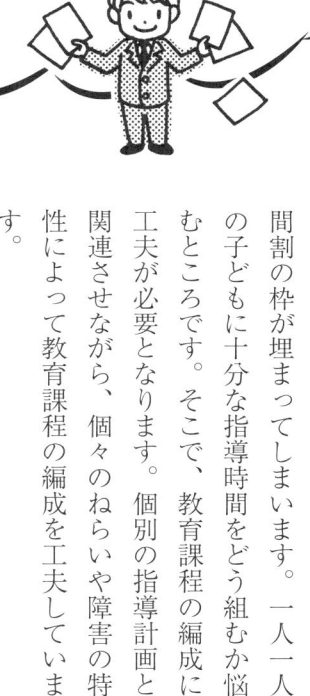

通級する児童が増えると共に、全員に個別指導の時間を設定すると、それだけで時間割の枠が埋まってしまいます。一人一人の子どもに十分な指導時間をどう組むか悩むところです。そこで、教育課程の編成に工夫が必要となります。個別の指導計画と関連させながら、個々のねらいや障害の特性によって教育課程の編成を工夫しています。

1 時間割の組み方

言語障害通級指導教室は、主に発音、吃音、表現等の言語に関する個別指導が中心となります。子どもの実態に応じて、小集団指導を組むこともあります。特に吃音の子どもたちへの小集団指導は、自己否定を払拭し、話すことに自信をつけるためには効果的です。また、語彙数が少なく表現力に困難さのある子どもたちにも小集団指導は効果があります。個別指導で培った「ことば」が、小集団の中で使う経験を積み上げることで自信となるからです。

LD・ADHD通級指導教室では、主に学習障害に関する個別指導と社会スキルに関する小集団指導を組み合わせています。学習障害に関する個別指導では、主に認知の偏りや不器用さに対するトレーニングと教科学習の補充を行います。子どもによっては、社会スキルに関する個別指導を行う場合もあります。小集団指導では、個別の指導計画と関連させながら、特性やねらいに合わせて2〜4人の小集団を編成していきます。個別指導で学んだスキルが、小集団の中で経験として積み上げられていくように時間割を工夫しています。

このように、子どもの特性に合わせて時間割を編成し、変容に合わせて時間数や指導形態の変更もしています。

2 指導内容は「自立活動」がほとんど

指導内容は、表現力やコミュニケーション力の育成をねらいとした自立活動として位置づけています。具体的な内容は個々の子どもによって異なりますが、広い意味でのコミュニケーション力の育成と考えています。

通級指導を利用する理由のほとんどが、集団での学習や生活に困難さが見られるこ

個別指導　　　　　　　　小集団指導

3 自校と他校の違い

とです。社会自立のための指導が目的ですから、指導内容は「自立活動」となります。その内容は、個々の特性に合わせて組んでいくことがよいと考えています。

すべての学校に通級指導教室が設置されているわけではないことから、他校から子どもたちが通っている通級指導教室も多いことと思います。他校から通級する子どもは、通級に要する往復の時間を考えると、自校の子どもよりも教科学習の時間を抜けてくることが多くなります。本教室では、小集団指導も受ける子どもは、午前または午後の教科学習の時間を通級指導のために割かれることになりますので、効率的で効率的な時間割の工夫が必要となります。そこで、自校の子どもの指導時間とうまく組み合わせる工夫を行っています。そのためには、自校の先生方にも時間割の協力をお願いしています。

	月	火	水
1	A児（他校）	C児（他校）	G児（自校）
2	A児（他校） B児（自校）	D児（他校） E児（自校）	G児（自校） H児（他校） I児（他校） J児（他校）
3	B児（自校）	F児（他校）	E児（自校）

◆H児とI児とJ児は、個別指導が終了して、小集団指導のみです。
◆この4人は、社会スキルに困難さがあるため、意図的に多めの人数で編成しています。

◆E児は、自校の担任に協力してもらい、別の曜日で個別と小集団指導をしています。

◆C児とF児は、個別指導のみです。
◆D児は、個別指導が終了して、小集団指導のみです。

◆A児とB児は2時間続きで、個別と小集団指導に1時間ずつあてています。

先輩に学ぶ！ Q5 自立活動はどのように指導したらよいでしょうか1

岡田克己

1 通級による指導における基本「コミュニケーション」の指導

指導の内容は主に自立活動です。その中でも、「コミュニケーション」は、発達障害のある子どもの指導では、「人間関係の形成」「心理的な安定」と共に中心的な内容です。

2 語用論的指導プログラム

5〜6年生6名の小集団指導の内容を紹介します。アセスメントの際に、グループの子どもの実態から「自分から話しかけられるようになりたい」「うるさいとよく叱られるから静かに話せるようになりたい」「空気を読めるようになりたい」等の願いをもっていることから、指導の時間に「コミュニケーションの時間」を設定しました。指導プログラムは、言語学「語用論」的側面の3つの理論（発話行為理論、コミュニケーション理論、超文節機能）の観点を取り入れ、「会話のルール」を学び、身につけることを目標とした指導を行いました。

言語学「語用論」的側面の３つの理論

発話行為理論	言葉の字義通りの意味だけでなく、発話内行為の理解が、相手の意図を読み取る上では必要なことである。
コミュニケーション理論	会話には参加者全員に暗黙のルールがあり、以下４つのルールが挙げられる。 ①「量」情報量は多すぎないようにする、②「質」話を大きくしない、同じ話ばかりしない等、③「関係」関係のあることを言う、人の話をとらない等、④「様態」曖昧な表現はさける、簡潔に伝える等。
意味を伝える超文節機能	同じ言葉でも、言い方が変わると異なる意味を伝える。皮肉や疑問、驚き等の話し手の心の動きはこの超文節機能によって表現される。伝達意図を理解する際に重要な役割を果たしている。 ①声の高さや抑揚としての「イントネーション」、②文や単語の中で声の大きさを変える「アクセント」、③話す速さとしての「韻律的特徴」。

（参考：『S.E.N.S養成セミナー　特別支援教育の理論と実践　Ⅱ指導』金剛出版）

3 会話のドッジボールではなくキャッチボールをしよう

① 会話の暗黙のルールを頭で理解しよう

まずは（上図）、会話の暗黙のルールを視覚的に掲示し、場面の状況や相手の気持ちについての理解を促しました。また、そのルールの理解を定着させるために、様々な場面を想定した穴埋め問題、○×問題を作成し、取り組ませました。(P70、71)

② 会話のキャッチボール練習をしよう

状況の理解に難しさがある子どもたちが、確実にコミュニケーションスキルを身につけることができるように、まずは、同学年の子どもと2人組をつくり「1対1の場面」で指導しました。双方向の会話の前段階として、「話す人」「聞く人」の役割を明確にし、各々の役割の子どもに会話の暗黙のルール「会話のキャッチボール練習のルール」（下表）を提示しました。ワークシート問題で練習後に、実際に役割を交代して会話の練習をしました。教師は、子ども同士の会話を記録し、ことばを補足したり代弁したりしながら適切なやりとりになるように支援しました。

会話のルール　パート①

人の話をとらない

僕ねー。夏休みに、旅行に行った

それなら、僕だってね〜、旅行に行ったんだよ。ディズニーランドに家族と行ってペラペラペラ…

会話のルール　パート②

**1人だけ長く話さない
相手が興味がない話はしない**

昨日さ〜、グリーンライン線に乗りに行ったんだ。中山から乗って、日吉まで行ったんだ。途中で地下にもぐってパンタグラフが…ペラペラペラペラペラペラ

うんざり

会話のキャッチボール練習のルール

「話す人」のルール	「聞く人」のルール
3秒程度で相手にメッセージを伝える（パスする）。1人だけ長く話さない。短くまとめて伝える。	
①相手の知っている話をする 例：学校のこと，休日のこと， 　　友だちのこと，趣味のこと等 ②話を大きくしない（嘘をつかない） ③適切な声の大きさで話す	①相手の話をとらない。途中で割り込まない ②上手に聞くための3つのスキルを使う 　1「あいづちを打つ」 　　そうなんだ，へぇ〜，すごいね 　2「繰り返す」 　　A「洋服買ったんだ〜」B「洋服買ったんだ」 　3「質問する」 　　いつ？　どこへ？　誰と？　何を？　それから？

指導後は、教師と一緒に会話のルールが守られていたかをめあての観点に沿って評価しました。

また、ペアの友だちからも、肯定的な評価が得られるように、相手への感想を伝え合いました。

4 様々なコミュニケーション活動を通して、成功体験を積む

その後は、応用編として「スイカわりゲーム」「福笑い」「サイコロトーク」「気持ちでビンゴ」等の様々な指導プログラムを通し、友だちや教師との密なコミュニケーションの場を設け、「相手に伝わった！」「うまく話ができた」という成功体験を積み上げることで、自信や意欲を高め、円滑な人間関係の構築を支援しました。

★「スイカわりゲーム」とは

2人組になり、「打つ人」と「伝える人」の役割に分かれる。バットとドッジボール等を使用してスイカわりのルールでゲームを行う。「打つ人」は、目隠しをしてバットを持ち、相手の指示を聞いた通りに動く。指示がわからないときは、「もう一度言ってください」と聞き返す。「伝える人」は、「少しずつ右（左）を向いてください」「ストップ」「前に〜歩進んでください」「ストップ」「打ってください」等のセリフを組み合わせて指示を出す。

★「福笑い」とは

2人組になり、「動かす人」と「伝える人」の役割に分かれる。「動かす人」は、目隠しをして相手の指示通り顔の輪郭が描いてあるシートに、目・鼻・髪の毛・口・耳等の顔のパーツを置いておく。「伝える人」は、パーツを1つずつ手渡しし、前後左右の位置とパーツの方向を右回り（左回り）で指示を出す。

スイカわりゲームや福笑いでは、相手にわかりやすい伝え方（話す速度，声の大きさ，短くまとめた表現等）ができるように指導する。

★「サイコロトーク」とは

あらかじめサイコロの目に合わせたお題を設定し，出た目の数と合うお題に合わせて，順番に話をする。時間を2分間と決めて，他のメンバーは最後まで話を聞くことを意識づける。お題の例は，以下の通り。1：最近楽しかったこと，2：学校での出来事，3：自分の趣味の話，4：好きな勉強について，5：放課後の過ごし方，6：最近困っていること等。

★「気持ちでビンゴ」とは

まずは，みんなで気持ちのことばを9つ集める。次に，各自が3×3のマスに気持ちのことばを記入（9つ）してビンゴシートを作成する。いよいよビンゴゲーム開始。順番に，そのことばと自分が経験したことを結びつけて発表する。1人が話したら，順番に○をつけて，ビンゴゲームを行う。最後にいくつビンゴができたかを数える。発表例：昨日ドッジボールで自分のチームが負けて，悔しかった。等

〈この時間のめあて〉最後に先生からの評価（ひとつ20点満点）

・長くしゃべらないで，3秒でパスできたか。	
・友だちの意見をとらなかったか。	
・うまくあいづちをうつことができたか。	
・話を大きくしたり，うそをついたりしなかったか。	
・声の大きさはちょうどよかったか。	

穴埋め問題

・話す人は，相手が（知　　　）話題をすること。
・話す人は，自分だけ（な　　）話さないこと。
・話す人は，突然（わ　　）をかえないこと。
・話す人は，（大　）や（早　）では話さないこと。
・話す人は，相手の（か　　）を見ること。

・聞く人は，相手の話を（さ　　）まで聞くこと。
・聞く人は，相手の（か　　）を見ること。
・聞く人は，（あ　　　）をうったり，（質　　）したり（く　　　）たりして，話を聞くこと。
・聞く人のあいづちの種類は，（　　　　）（　　　　）（　　　　）（　　　　）（　　　　）などがあります。

```
あいづち　質問　なるほど　かお　へぇ～　早口　本当？　わだい
かお　そうなんだ　知っている　ふーん　ながく　大声　えー
すごいね　さいご　くりかえし
```

○×問題

① (　) 話をおもしろくするため，うそをつく。
② (　) 相手の話が長いので，うんざりした顔をする。
③ (　) 一人だけ長く話さないで，相手にパスする。
④ (　) 相手の話をじっくり聞くため，あいづちをうつ。
⑤ (　) 相手にうけるために，話を大きくする。
⑥ (　) こうふんしてきたので，大声で話す。
⑦ (　) 相手が知っている話をする。
⑧ (　) 相手をみて，話す。
⑨ (　) 相手が冗談をいったので，強くたたく。
⑩ (　) パッと頭に思い浮かんだので，突然違う話をする。
⑪ (　) 相手の話を途中でとって，自分が話す。

ワークシート問題

友だち：「ぼく，最近，友だち関係で悩んでるんだ。」
自　分：「　　　　　　　　　（あいづちか質問する）。」
友だち：「ぼく，みんなに嫌われてるんじゃないかと思って。」
自　分：「　　　　　　　　　（くりかえす）。」
友だち：「友だちを誘っても遊んでくれないんだ。」
自　分：「　　　　　　　　　（質問する）。」
友だち：「友だちも，塾に行き始めで忙しいのかもしれない。」
自　分：「　　　　　　　　　（あいづち）。」
友だち：「あきらめないで，また誘ってみるよ」
自　分：「　　　　　　　　　（はげましの言葉）。」
友だち：「うん。ありがとう。」

先輩に学ぶ！

Q5 自立活動はどのように指導したらよいでしょうか2

古田島恵津子

担当する発達障害を対象とする通級指導教室では、「人間関係の形成」を主な内容として取り扱っています。個別指導と小集団指導の2つの場面を用いることが標準的な方法です。個別指導と小集団指導は隔週ごとに行い、状態が改善したことも、2週間に1度の小集団指導のみに参加します。また、小集団指導が苦手で個別指導のみを利用する子どももいます。

1 在籍学級と連携して実施する個別指導

個別の指導計画に基づいて実施します。

例えば、教室でみんなと一緒に授業に参加することが難しい小学1年生Aさんの場合は、「1時間の半分、自分の席に座っている」ことが在籍学級での目標になります。授業中の私語が多い5年生Bさんは「許可を得てから発言する」ことが目標になります。1年生のAさんは自分で「座っていたかどうか」を判断することが難しいので、担任から評価してもらいます。すべての時間は難しいので、国語と算数の時間に「座っている」ことが「よくできた◎・できた○・残念△」の3段階で判断してもらい、

記録表に記入してもらいます。5年生のBさんは自分で判断ができるので、自分で記録表に記入します。自己評価だけでは正しく判断できないときもあるので、毎日先生から点検してもらいます。AさんもBさんも必要に応じて、先生からのコメントが記入されます（図1）。これらの記録をエクセルなどの表計算ソフトを用いてグラフにまとめ、順調であればほめて、問題があればコメントなどを参考に事実を確認し、解決方法を一緒に考えます。

2 個別の問題の解決策を考える

Aさんの記録に△が続いていたら、担任のコメントを参考に本人に「なぜ、座ることが難しいのか」を尋ねます。Aさんは「中庭に飛んできた鳥が水浴びをしていたから、見たかったの」などと教えてくれます。1年生のAさんがこうした衝動を抑えることはまだ難しいと思われます。このときには担任と相談して、座席の位置を変更してもらったり、中庭が見えないような衝立を用意してもらったりします。Bさんの場合は、まわりの人に注意されて怒り出し

72

クマガール⑪

今日の予定
1. 始めの会
2. 連絡帳書き
3. ゲーム：アンゲーム
4. みんなで考えよう：
   中学生への道⑥「感じのよい頼み方」
5. 振り返り・感想
6. 休けい・フリートーク
7. 終わりの会

図2　小集団活動の例

＊＊さん記録カード　＊＊年＊＊月～

	日(月)	日(火)	日(水)	日(木)	日(金)
①挙手発言					
②ノートを書く					
③漢字練習					
ポイント合計					
メモ					合計P

図1　記録カードの例

てしまうこともありました。そんなときには、クールダウンの方法（数を数える、深呼吸、柔らかいものやツルツルしたものに触る、退室など）を教えます。自分に合った方法を選んだら、それができるように練習をします。また、相談した解決策を在籍校の担任の先生にも知らせ、在籍校でも使えるように援助をお願いしておきます。

3　市販の教材の活用

個別に実施する指導では、一人一人に合わせた教材を毎回用意することは大変なことです。ソーシャルスキルトレーニングの活動例を紹介した書籍等を参考に、その子に合ったテーマを選び、活動を計画することも有効です。「感情のコントロール」「感情理解」「気持ちを表現する」「わかりやすく伝える」などテーマを決めて教材を選び、指導の計画を立て活用しています。

図2は、6年生女子4人の小集団指導の例です。このグループでは、「中学校生活でより円滑にコミュニケーションがとれるようにする」が年間のテーマになっていました。ゲームは市販の「アンゲーム（クリエーションアカデミー）」（P.123参考）を使いました。互いの理解につながり、高学年の子どもたちに人気の活動です。中心となる活動では「当番を代わってもらう」ことを頼む場面でのセリフを考え、実際に演じてもらいました。そして、より感じのよい頼み方について意見を出し合い、再度練習をしました。

4　小集団を用いた自立活動

個別の指導計画の目標、学年、認知発達レベル、興味・関心などの観点から4～6人程度のグループを編成し、2単位時間（90分）で行います。他校通級の子どもが含まれる場合は、通学の負担の少ない午後に行います。

中学年では「セルフコントロールや集団行動」、低学年では「遊びのルールを守ること」や「あたたかいことば遣い」などをテーマに活動を計画します。いずれも成功経験で終わるように十分配慮し、集団での行動に自信をもつことを目標にしています。

先輩に学ぶ！

Q6 教科の補充指導はどのようにしたらよいでしょうか1

山下公司

1 読み書きの苦手な子ども（小学2年生）

Aさんは、1年生のときにはひらがなの読み書きが難しく、一文字一文字思い起こしながら読み書きしていました。国語にはどんどん自信をなくし、「どうせ僕はできないんだ。バカなんだ」と言うようになり、学校生活全般に自信をなくしていました。

通級指導教室では、文字と音を一致させる練習をまず行いました。本人が大好きなキャラクターを単語で提示します。その後、キャラクターの絵を見せ、文字と音を対応させます。これを数回繰り返すことで、単音の文字を読むことができるようになりました。

次に、ひらがなスタンプを使い、「ことば集め」の学習を行いました。お話することが得意なAさんは、「『あ』のつくことばを集めましょう」と言うと、どんどん出てきます。それをノートに、ひらがなスタンプを使って書きました。ひらがなスタンプは、50音表と同じ配列に並べておきます。そうすることで50音表を参考にして、文字を想起することができるようになってきました。

そこで、筆入れに入るサイズの大好きなキャラクター入り50音表を作成し、それを活用することを在籍学級の担任にも認めてもらい、在籍学級でも50音表を活用しながら文字を書くことができるようになりました。最終的にひらがなは、50音表がなくても読んだり書いたりできるようになり、同様にして、カタカナも読んだり書いたりできるようになりました。

そこで、次の課題は漢字です。漢字を書く学習では、「めざせ！かん字マスター」と題し、本人と相談しながら、当該学年の漢字を書けるようになることを目標にしました。口唱法という、漢字を部品ごとに記銘し、口で唱えながら書く方法を取りました。例えば、「なな、かたな…切る」と唱えながら（図1）書きます。1回の指導で3～5文字程度覚え、指導時間の最後に復習としてもう一度書きます。その際に書ければ、その漢字をクリアとし、漢字表（図2）にスタンプを押していきます。その数に応じて、本人と相談しながら作成した漢字ランキング（図3）を記入しました。自分で決めたランキング（「かん字つよい」等）なので、意欲的に取り組め、漢字に対

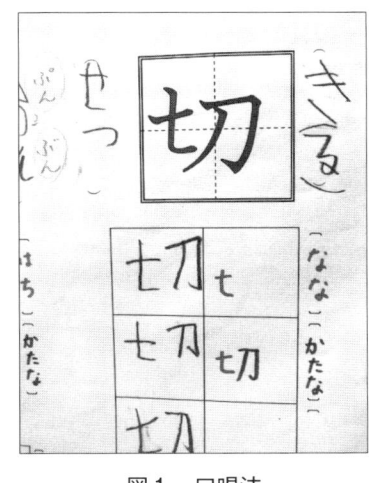

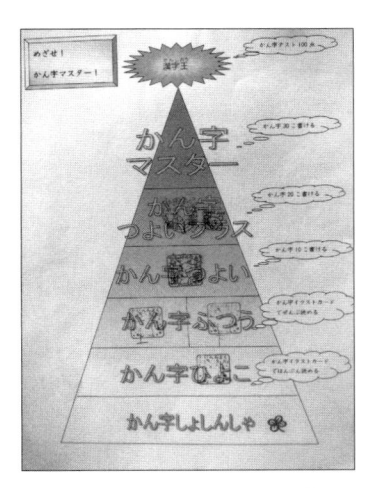

図3　かん字ランキング　　図2　漢字表　　図1　口唱法

2 算数に強い苦手意識をもつBさん（小学3年生）

Bさんは、小学3年生です。1・2年生の頃には、3個のビットを見てパッと数えることができず、1つずつ数えて「3」と言っていました。そこで、量を理解するために、サイコロやビット表などを使い、パッと見て5まで言えるようになるまで練習を行いました。そのことを通して量概念を身につけることを指導しました。また、計算に関しては空位があろうがなかろうが、くり上がりやくり下がりでも同じような手順をもとに計算できるよう、ルールを明示して指導しました。

計算や簡単な文章題については意欲をもって取り組んでいましたが、3年生になり、小数の学習をしたときによくわからないと訴えてきました。0.1が10集まると1になるということもよくわからないようでした。ですから、指導では苦手を軽減することを第一の目標にし、本人が「これならできる！」という方法を本人が理解できる形で伝えていくことが重要です。本人の特性を把握したうえで、よりよい方法を身につけさせることができればと思います。

そこで、体験的に理解させるために、水を1ℓマス（1と大きく明示）に用意し、1dℓマス（0.1と大きく明示）で何杯になるかといったことや小数点マシン（図4）でしても抵抗感がなくなってきたようでした。0.1が10集まると1になるということを目に見える形で指導していきました。定着してくると、答えが1以上になるものにも挑戦し、文章題や計算にも取り組みました。少しずつ自信も回復し、「小数はもう大丈夫！」とまで言えるようになりました。

AさんもBさんも、学習に対して自信のなさが大きく見えていました。自信がないことでより拒否感が高まり、より苦手になっていくという悪循環が生じていました。

図4　小数点マシン

先輩に学ぶ！

Q6 教科の補充指導はどのようにしたらよいでしょうか2

古田島恵津子

低学年で最もつまずきが多い「読み・書き・計算」の基本に関わる内容の習得が目標です。高学年では学習に必要な学び方を学び、自主学習の援助となるようにします。また、『予習』を行うことで、子どもが教室での学習に意欲をもって参加できることを大切にしています。

1 低学年の読み書きの指導

「読み」の指導では、①ひらがなとカタカナ、②特殊音節、③単語のまとまりで文を読む（視覚性語い）、④単文の意味理解などを順を追って指導します。学年が低いほど発達が未分化ですから、多様な感覚を用いて学習ができるように教材を用意します。絵や図、写真などを多用した教材、体を動かす活動、ゲーム的な活動などを取り入れます。そして、指導内容を複数の活動に分け、テンポよく進めるようにします。

ひらがなをよく覚えていない子どもであれば、図1のように絵と文字が一緒に提示されるカードを使って文字を覚えさせます。10枚1セットで、何秒で読むことができるか時間を計ったりします。この際に、必ず

読むことができるカードを入れておくことが自信をもたせます。できるようになったら、まだできないカードと入れ替えたり、2セットにしたり、絵をなくしたりします。カタカナや特殊音節も同様に覚えさせても重要です。カタカナの習得は、漢字の一部からカタカナができていますので、カタカナを習得すると漢字の構成が見えるようになります。

「書く」指導では、なぞり書きからはじめます。それも苦手な子どもは線書きや絵描き歌、色塗りなどの活動からはじめます。タブレット端末で大きな文字を指でなぞりこれに合わせて漢字の色も変えてあります。さらにパワーポイントで筆順が表示されるのカードなどを利用して、語ろ合わせとイラストで漢字の形の構成と意味を教えます。筆順を一度見せた後、一緒に空書きをさせノートに書かせます。

読み書きの指導と並行して、国語の教科書の音読練習を行います。単語のまとまりで読むことを意識させ、読み間違いの多い単語はその意味を教えます。必要に応じて

図2　語ろ合わせで覚える漢字

図1　絵と文字のひらがなカード

インターネットで映像を調べたり、動作化したりしてことばのイメージを理解させるようにします。

2 低学年での数の指導

多くの子どもが暗算や九九でつまずきます。暗算ができるようにするためには、「①ブロックなどを見て瞬時にその数を言ったり書いたりする、②10までの数を言ったり書いたりする、③数の補数を瞬時に言ったり書いたりする、③数直線上で特定の数の位置がすぐにわかる、④数直線上で特定の数の5前後の位置を瞬時に指すことができる、⑤1～120くらいまでの数字カードを並べて、10進法の仕組みがわかる」などの内容をおはじきやブロック、ドットマークカード、大きな数直線などを用いて、ゲーム的活動にして繰り返し練習します。九九では、数が増えていく様子を表す絵と九九の式と読み方を同時に示すことができるカードや図を見ながら音読させることからはじめます。できるようになってきたら、文字と式だけ、式だけ、と手がかりを減らしていきます。最終的には九九カードを混ぜて、どんな問題にも答えられるようにします。難しい子どもたちには、どんなヒントがあれば九九が使えるか相談して、九九の一覧表を持たせたりします。

3 高学年の補充指導

高学年になると学習量が増え、週1回の指導ではすべての学習に対応することはできません。基本は自分なりの学び方を身につけることを目標にしています。漢字が覚えられない子どもには、「ドリルを読む→書いてみる→間違えた文字だけ練習する→もう一度書いてみる」などのテスト前の効果的な練習の仕方を一緒に考え、やってみます。音読が苦手な子どもには、「声に出して読んでみる→読みにくい字にはスラッシュを入れ、まとまりをわかりやすくする→読めない漢字に読み仮名を振る→意味のわからないことばを辞書やインターネットで調べる」などの読みの練習の仕方を教えたりします。算数は苦手な内容を自己申告してもらい、必要に応じて復習をします。テスト前の勉強の仕方を考え練習をします。いずれも一部を通級で行い、自宅での自主学習で完成させるようにします。

先輩に学ぶ！

Q7 個別指導ではどのようなことに気をつけたらよいでしょうか

藤枝靖人

私の学校では、通常の教室の4分の1の広さの個室で個別指導を行っています。狭い空間での1対1の指導ですから、人間関係や学習環境は言うまでもなく大切にしています。最近では、人間関係やコミュニケーションにつまずきのある子どもや環境の変化に敏感な子どもを指導することが多いので、個に応じて少しアレンジをしていくことも大事にしています。私もはじめて担当を任されたときはどうすればいいのかわからず、日々先輩の先生からコツを教わり、真似をすることでベースをつくってきました。

そこで、これまで私が学んできたことをいくつか紹介させていただきます。

1 安心して学習に取り組める環境

環境面は、物的なことと人的なことで気をつけています。

物的には、指導室には原則、指導で使わないものは置かないようにしています。私の場合は、ホワイトボード、机、椅子、パソコン、プリントケース、書棚（教科書、教材入れ）のみです。特に子どもが席につくいたとき、目の前には刺激となるものは置かないようにしています。机は大きめの4人掛けを使い、作業や学習がのびのびできるようにしています。

人的には、座席は対面ではなく斜めに座って話をし、指導に入ると正面に近い位置に移動するようにしています。正面だと緊張して話しにくいという子どもがいたのでそうしています。ただし、指導では話し手を見たり、話を聞いたりするのが苦手な子どもが多いので聞く姿勢、見る姿勢を教える意味で正面近くに座ります。

2 人間関係づくり

私は、授業の前にまず子どもの状態を知るために話をしたり、簡単な運動（バランス運動、縄跳び等）をしたりしています。前の時間に何かあると、よくも悪くもその時の言動がいつもと違っています。例えば、機嫌が悪いときは指導の前にフラストレーションを少しでも解消できるように、子どもの立場で話を聞いたり、子どもが得意なゲームをしたりしています。そうすることで気持ちが切り替わり、授業への姿勢

が変わってきます。授業後も少し遊んだり、ゲームをしたりします。頑張った後にお楽しみの時間があると、子どものやる気は違ってきます。こうした授業以外での関わりも大切にしています。

3 指導方法

通級では、指導内容は個によって違います。ですが指導の方法にはいくつか共通することがあります。まず、その日学習する内容は黒板に提示し、子どもが見通しをもって学習に臨めるようにすることが大切です。次に、学習内容の時間配分に気をつけます。短時間で集中できるものから取り入れていくと子どもの達成感が高まっていきます。また指導では、ほめることばやその子のよさをひと言入れるようにしています。

4 指導後の振り返りと次時に向けて

指導が終わると、「今日はどうでしたか」と感想を聞いています。子どもの感想を聞いた後で、私も感想を言います。お互いが簡単な評価を行うことで、1時間の振り返りをしています。そうすると次の課題が見え、「じゃ次は、○○をやってみますか」と次時につなげることができます。子どもはよく覚えています。「先生、前のときこれするって言ったよね」とときどきするどい突っ込みを受けながら、次時へのつなぎを大切にしています。

5 自己研鑽

個別指導とは、個のニーズに応じた指導計画のもと、それが達成できる指導でなければなりません。よって、個別指導では子どもが「わかる・できる」と言えなければなりません。その子が難しい、わからないと言えば、よりわかりやすいものにして、理解できるように工夫をする必要があります。工夫の1つには、教材や教具、視覚的・聴覚的指導、ICTの活用等が挙げられます。最近では、ネット上に使える教材がたくさんあります。そうしたものも活用しながら、普段から指導につながる多くの引き出しをつくり出していくことが大切です。以前、先輩の先生から「まずは自分が自信のもてる内容・道具を見つけなさい」と言われたのを覚えています。あれから数年、ようやく聴覚的短期記憶を高めるドリルの指導には自信をもって取り組むことができるようになりました。

最後に「彼を知り己を知れば百戦して殆うからず」ということばがありますが、個別指導で言い換えれば「個の長所短所を把握し事を処すれば、どのような場合でも対処することができる」となるのでは。まず個別指導は、実態をしっかり把握し、個に応じて指導を工夫・改善していくことが大切な第一歩になるのではないでしょうか。

先輩に学ぶ！

Q8 小集団指導はどのように進めたらよいでしょうか

沼田　敦

指導形態として「個別学習・個別指導」「ペア学習・ペア指導」「小集団指導」が挙げられます。

もともとコミュニケーションが苦手であったり、社会性の面で苦手さを示したりしている子が多いので、小集団指導はとても大切なものになってきます。

私の場合は、小集団指導を行うにあたってはSSTなど個別でしっかり学習したうえで取り組むのが望ましいと考えます。個別指導→小集団指導→在籍学級に戻ったとき（社会に出たとき）を想定してステップアップしていけるとよいと思います。

さて小集団指導のメンバーを編成するにあたっては、子どもたちが複数集まり学習に取り組むので、相性も考慮する必要があります。いつもお互いにトラブルを起こしてしまうケースについては、マイナスの体験になってしまうのでよくないでしょう。1週間に一度しか通級しない場合もあるので、通級での学習・体験をマイナスにさせるのはよくありません。そして課題も、同じか近いものをねらわせたい子どもたちを集めるとよいでしょう。

通級担当の役割としては、取り組みを通してどんな力をつけさせたいか設定する役割、教える役割、子ども同士の話し合いを通訳する役割、トラブルが起きそうなときに間に入って鎮める役割、教材の準備・子どもが学びやすい環境・状況をコーディネートする役割など様々なものがあります。

さて、取り組み例を1つ示します。みなさんが知っている単純なものですが、次ページに掲げる要素がいくつも入っています。

『協力オセロ』

・用意するもの…表裏が白と黒になったもの（1枚が床のマスの大きさくらいのもので64枚）

・設定…チーム対抗、チーム内で交互に置いていく、相談・協力あり

ルールは普通のオセロと同じです。事前に設定を明確にしておきます。次ページにもありますが、勝ち負けにこだわる子もいるので、子どものペアのチームか大人と子どものペアのチームか考慮する必要があります。偶然的なチーム編成ではなく意図的に「低学年と高学年が組むように」「男女分かれるように」など必然的に大人が意図したチームをつくっていく必要があるときも出てきます。トラブルなく子どもたちを通

「タッチでドン!!」得点表

協力オセロの様子

協力

「協力オセロ」はいろいろな力をつけさせられます。この「協力オセロ」は子どもたちが成功体験を味わうことができるようにする必要があります。

また、価値観は違うところにあることを教えられるようになってしまう子どもについては、子ども同士の対戦であると怒りやすくなってしまう子どもについては、大人と対戦したり、子ども同士がチームになって負けると怒りやすい子どもについては、大人と組んだりと工夫していく必要があります。

模倣

自分の興味があるもの以外、注目しない子どもがいます。自分の興味で学んでいくけど、他からは学ばない、という他者意識が育っていない子どもがいます。

「震源地ゲーム」のように、模倣することで成り立つゲームを通して他者意識を育てていくことができます。「模倣」ができるようになると他者から吸収することが増え、対人関係の向上とより多くのことを学び取れるようになります。

リーダー

リーダーを依頼・指名することで、リーダーを意識するようになります。小集団を意識するようになります。リーダーを任せる場合は、うまくまとめられるようにするための指導者側の支援が不可欠になります。

順番

1番が好きで、1番でないとイライラしてしまう子どもがいます。何でも1番にやりたがります。ある決まりによって、全員が順番で1番になる設定をします。順番へのこだわりを和らげていくことができます。

勝ち負け

子どもの中には、「勝ち負け」の受け入れが苦手な子どもがいます。

「タッチでドン!!」という陣取りゲーム（じゃんけんをして勝ったら進んでいき、相手陣地に到着すると勝ちになる）の中で得点制にして「勝ったら2点」「負けたら1点」「味方を応援できたら3点」「相手チームを悪く言わなかったら3点」「負けても怒らなかったら3点」というように合計得点を出します。設定の仕方によって、価

先輩に学ぶ！

Q9 教材・教具を工夫するポイントを教えてください1

沼田　敦

通級による指導で教材・教具は重要です。教材・教具を選ぶ際には「何を使うか」ではなく「どのような目標・ねらいを達成させたいか」をまず考えるとよいでしょう。

実態把握を的確に行い、それを通して目標設定を行っていきます。そこから教材・教具を活用し「個に応じた指導」につなげていきます。

例えば「風船」。使い方もいくつか考えられます。

①運動を通して成功体験を積ませる。ボールだとうまく扱えなくても、風船だとスピードになるので、うまくいった実感をもたせやすくなる。

②次の人を意識して、次の人が打ちやすいように打つという対人関係を向上させる。

③力のコントロールを意識させる。

④しりとりなどしながら打つことで、複数の感覚・運動を活用させる。

このように同じ教材・教具でも「目標・ねらい」で使い方は変わってきます。何をどのように使うか、同じものでも異なってきます。

また、カードを使用する際は「カラーの写真」「カラーのイラスト」「白黒のイラスト」「文字」によって子どもたちの反応が異なることがあります。色に反応してしまう場合には、白黒であったり文字であったりするとよいでしょう。

デジタル教材の中に、子どもが興味を示してくれるものもあります。パソコンにゲームソフトを入れたらゲームですが、学習ソフトを入れたら学習ソフトになります。同様に、DSのようなものも学習ソフトを使えば十分に学習になっていくと思われます。

教材・教具を選ぶ際に留意するものとしては、次のことがあげられます。

・子どもの実態から「目標・ねらい」を達成できる教材・教具であるか。
・子どもが操作して扱いやすいものであるか。
・始点と終点が明確なものであるか。何からはじめて何で終わるかがわかるか。
・成功体験で終わることができるものか。
・子どもが興味をもって取り組むことができるものか。

教材例・モザイクパズル　　　　　教材例・仲間さがし

『ボールストップ』

用意するもの…ボール

ねらい…変化への対応、成功体験、軽い失敗経験、複数の感覚の活用、ルール順守

ボールを転がす側と止める側に分かれます。転がす側は、数字を言いながら転がします。ルールとして1は右手、2が左手、3がよける、4が左足、5が右足のように決めます。止める側は、決められたルールに従って止めていきます。転がすスピードによって難易度を調整します。一通り取り組んだ後、1は右足、2は右手、3は左足…というようにパターンを変えていきます。変化・変更が苦手な子たちも、ゲーム感覚で受け入れられるようになっていきます。

『協力しりとり』

用意するもの…鉛筆・紙

ねらい…他者意識、アドバイスの受け入れ、順番を守る

「しばりしりとり」は三文字しりとり・四文字しりとりなど字数を決めます。しばりがあることで難易度が上がります。答えがすぐに出ません。ルールとして、事前に他の人がヒントを出してよい、としておきます。すると、自分中心で他者の意見を取り入れることの少ない子どもでも取り入れられるようになることもあります。

また「後ろ二文字しりとり」は後ろ二文字をしりとりしていきます。例えば「みかん」→「かんづめ」→「つめきり」→「きりぎりす」…というようになります。これは、次の人が何を連想するのか想像しないと続けることができません。

この活動を通して、他者意識を育てることができます。

1つの例ですが、「目標やねらい」によって取り組み方は変わることがわかります。また、1つの教材・教具でも様々な使い方があります。ものすごい装置を使うわけではなく身近にあるものが教材・教具となっていきます。

先輩に学ぶ！

Q9 教材・教具を工夫するポイントを教えてください2

古田島恵津子

通級指導教室に通う子どもたちは、目で見る（視覚）、耳で聞く（聴覚）、ことばで考える（言語）、触ったり動かしたり作業したりする（体感覚）力が強かったり弱かったりします。ですから、その長所や強みである感覚を生かした教材や教具の工夫が大切です。また、できないことが多いほど自信を失い、自己肯定感が低下している場合が多くあります。小さなことから自信を回復し、それを積み重ね大きな自信に育てていくことが大切です。

1 指導目標を確認し、共有するための教材

通級に通う目的をもっている子どもが、自分の目標を考えることができるように図1のようなシートを用意しています。子ども自身1人で完成させることは難しいので、家族や担任、友だちなどからコメントをもらって、このシートを完成させます。このとき、できるだけよいところをたくさん書いてもらうようにします。他人に認められて、自信はついてきます。自信がなければ、自分の中の苦手さに向かい合うことは難しく

なります。長所をたくさん見つけた後で、「さらにかっこよくなるために頑張ること」に対するコメントを教えます。すると、驚くほど素直にそれを受け入れることができます。そして、適切な目標をもつことができ、目標に向かって努力することができるようになります。

2 スケジュールの提示と視覚支援

個別指導では活動のはじめに、必ず1時間の活動（指導）の予定を連絡帳に記入して確認します。小集団指導では、パワーポイントを用いて、スケジュールや教示内容を伝えています。また、活動もパターン化させて見通しをもちやすくします。少し複雑なゲームのルールも、自立活動の内容の教示もイラストとアニメーションを交えながら提示します。視覚支援（作成）教材としてパワーポイントは大変有効です。

3 子どもたちに自信をもたせる花丸カード

小集団指導では、当たり前のことができていることを認め、励まします。6×6cm

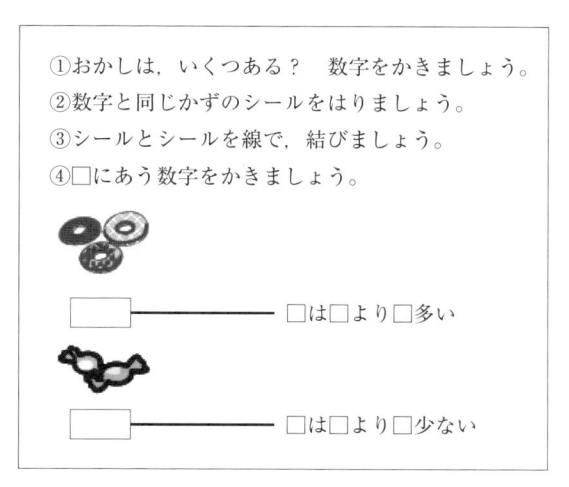

①おかしは，いくつある？ 数字をかきましょう。
②数字と同じかずのシールをはりましょう。
③シールとシールを線で，結びましょう。
④□にあう数字をかきましょう。

□は□より□多い

□は□より□少ない

図2　10までの数の補数関係の習熟を図るプリント

今のぼく
ぼくの得意なこと　　ぼくのすきなこと
ぼくのいいところ　　かっこよくなるには…
ちょっと先のぼく

図1　通級に通う目標を考えるシート

くらいの大きさに花丸のマークを印刷して、ラミネート加工しておきます。裏に磁石シートを貼っておきます。補助黒板に参加者の名前を書き、望ましい行動ができたときに名前の隣の欄に花丸印を貼っていきます。どの子もほめられることが大好きです。ほめられた隣の席の子も同じ行動をとることができるようになります。注意ではなく賞賛が、子どもたちの集中力を高め、意欲を増加させます。

Q6の1「補充指導」でも紹介した（体感覚と視覚）、③シールとシールを線で結び、数の違いをことばでまとめる（言語）、④数の関係をことばでまとめる（体感覚と視覚）、③シールとシールを線で結び、数の違いをことばでまとめる（言語）。Q6の1「補充指導」でも紹介したパワーポイントを用いた漢字提示教材も同じです。視覚的な刺激としてのイラストと色分けされてアニメーションで示される筆順、ことばを使って聴覚的に知る漢字の構成と意味。多様な感覚を通じて漢字が教示されます。九九を覚えるときも同様の方法を提案します。多様な感覚と方法を用いて覚える方法です。例えば「4×7＝28」は間違えやすい九九です。「4」は「し」、「7」は「しち」、両方とも「し」がつくところが混乱の原因になりやすいようです。「ししちにじゅうはち」という読み仮名を添え、さらにそれを示すイラスト（1箱4こ入りのケーキが7箱ある絵）を一緒に示し、声を出して読んでもらうようにします。これにより「数字」「ことば」「絵（量）」のイメージが1つになります。覚えたら、少しずつ手がかりを減らします。九九を歌にして覚えた

4　多様な感覚を用い多様な活動を促す教材

図2は、「10までの数の補数関係の習熟を図るプリント」で、自宅学習用に作成したものです。これには4つの作業があります。①イラストを見て、数字を書く（視覚と言語）、②数字を反具体物であるシールの強みを生かします。り、書いて覚える方法もあります。その子

先輩に学ぶ！

Q10 指導の評価はどのようにしたらよいでしょうか

飯島知子

1 はじめに

通級指導教室での指導は、通常の学級や家庭での表れから実態を把握し課題が何かをつかむことから始まります。行動の表れや学習のつまずきは、どんな能力や特性が起因なのかをつかむ必要があるということです。課題（目標）が設定され、通級での指導内容が決まると、それに対してどんな手立てをとった結果、何がどれだけできるようになったかということが評価であると考えます。

指導内容を計画する際に必要なことは、学習指導要領を参考にすることではないかと考えています。筆者は小学校の通級指導教室ですので、"学習の補充"を考える場合は「小学校学習指導要領」の各教科、SST（ソーシャルスキルトレーニング）等の"自立活動"を考える場合は「特別支援学校学習指導要領解説 自立活動編」を参考にして、指導する項目の選定を行います。

さらに、1時間ごと・学期ごと・1年の評価をすることで、次の目標や手立ての検討をしていきます。実態把握→目標設定→「自立活動」項目の選定→指導計画・指導→評価のPDCAサイクルが必要です。これは、通常の学級の指導と変わることはないと思っています。

2 実践例

【実態把握】自閉症スペクトラム障害、小学2年生のAさん。

知的発達に課題はないが、その場に合わない発言や行動から、友だちとトラブルになることが多い。ことばで表現することや相手の気持ちをくみ取ることが苦手で、友だちから注意されると、さらにその行為をエスカレートさせる。文章を読み取り、登場人物の気持ちを考えることが苦手である。

得意なこと	苦手なこと
視覚から入った情報を理解すること	聴覚から入った情報を理解すること
視覚的な刺激や入力は理解しやすい	視覚的な推理力
標識，地図，時計に興味を示す	状況の理解や雰囲気を察すること
漢字や数字の習得は速い	相手の気持ちを理解
文字を読むことができる	注意の持続　行動抑制ができない
処理の速度は速い	見たものに反応して動くこと

【目標設定・自立活動の選定】

指導目標	「自立活動」項目
○他者の意図や感情を理解し，場に応じた適切な行動をとることができる。	3．人間関係の形成 －(2)他者の意図や感情の理解
○言語を用いて，自分の考えを伝えることができる。	6．コミュニケーション －(1)コミュニケーションの基礎 　(2)言語の受容と表出

3　おわりに

【指導の計画・指導】

① 「うれしい」「楽しい」「悲しい」などの感情を表すことばと視覚教材である「表情絵カード」や「気持ちの温度計」をマッチングさせる。

② SST絵カード（エスコアール）で状況に応じた行動や気持ちについて考える。

③ 気持ちを伝えるとき、表情カードを使って、活動の中で共感できる経験をする。

④ 概念図やコミック会話を活用して、関係性や関連性を理解する。

【評価】

相手の気持ちやその関係性がわからず、トラブルになることが多かったAさんだったが、視覚的に理解できる絵カードや概念図を使うことで、自分や相手の気持ちや状況について簡単な言語化し、場に合った言い方で自分のことを伝えられるようになってきた。しかし、場面が変わると対応できなくなるときもあるので、小集団の遊び活動を取り入れ、日常生活へつながるような柔軟な対応につなげたい。

通級指導教室の中での評価は、通級担当が行うべきだと思います。大切なのは、教室内の環境設定や教材の工夫、発問の工夫等、できる・わかるようにするために行った、授業での具体的な支援・指導を明確にすることではないでしょうか。具体的な指導の内容や配慮点を伝えることで、教室や家庭での関わり方、支援・指導につなげていくことが必要だと考えます。また、通級での指導の課題（目標）を、担任や保護者と共通理解することで、それ以外の支援・指導での評価とつなげて考える必要もあると思います。「個別の教育支援計画」や「個別の指導計画」は通常の学級の担任によってつくられるものではありますが、通級担当が一緒につくっていくことで、より的確な評価になるように考えられます。また、通常の学級での学びの中での合理的配慮が、通級担当と共に考えられると、より子どもの能力に合った内容になるのではないでしょうか。

先輩に学ぶ！

Q11 通級による指導の終了はどう判断したらよいでしょうか

日野久美子

1 「指導の終了」でめざす子どもの姿

私が「まなびの通級指導教室」の担当になったとき、一番悩んだことが、「『指導の終了』はどうするのか」「子どもがどうなったら指導の終了と言えるのか」ということでした。例えば、構音障害の子どもが「ことばの通級指導教室」の指導でその課題を克服し、指導が終了することはよくあります。しかし、発達障害では、その特性を「治す」ことはできません。では、どのような子どもの姿を指導の終了とすればよいのでしょうか。その特性をもち続けたまま、よりよい生活を送るためには何をめざせばいいのでしょうか。

指導をはじめたばかりの子どもから「どうせ（できない）……」「（自分のこと

を）誰もわかってくれない……」ということばを聞くことがあります。その特性のためにたくさんの失敗体験をし、人に関わることに臆病になっている子どもの姿が浮か

び上がってきます。このような子どもに一番必要なのは、「自分に対する自信を回復すること」、そして、「周囲の人は信頼できると思うこと」だと思います。

自分に自信をもつことができれば、少々の失敗でも、また再挑戦していくことができます。人を信頼できれば、自分が困ったときに助けを求めるようになれ、これらのことができるようになれば、自分の特性を「個性」と受け止め、社会の中で自分らしく生活できるのではないかと思います。

2 子どもに「自信」と「信頼」を

子どもの自信を回復するためには、その認知特性を含めた実態を正しく把握し、取り組みやすいように活動を組み立てながら、「できること」を増やすことが必要です。

また、通級担当との様々な活動を通して信頼関係を結んでいく体験は、他人との関係づくりの基礎になります。

3 「子ども自身の成長」と「学校・家庭環境における子どもへの理解と支援」

このような配慮のもと、通級で行われる個別指導の場面では、子どもはみんな安心して活動に取り組むことができ、「楽しか

った」と帰っていくことでしょう。しかし、この時間をただ続けていくだけでは、通級指導教室が子どもにとってほっとできる場（オアシス）にはなっても、社会生活における適応力を上げることにはつながりません。

通級担当が子どもと関わることができるのは、週に1回程度の短い時間です。その他の多くの時間を在籍学級や家庭で過ごします。ですから、通級で学ぶことは、常に在籍学級や家庭での子ども自身の行動や、周囲との関わり方、周囲の子ども自身の支援・配慮とつながっていなければなりません。「子ども自身の成長」と「学校・家庭環境における子ども自身への理解と支援」が整ったときに、終了と言えると思います。

そのためには、学校・家庭・通級担当が、指導に入る前（多くは年度初め）に、子どもの状態についてしっかり共通理解することが大切です。子どもが困るのはどのような活動や場面なのか、取り巻く環境を含めて把握していきます。そうすることで、子ども自身、学校、家庭がめざす目標がわかってくると思います。

4 指導期間を決めて、指導終了時の支援につなげる

A市では、指導期間の目安をあらかじめ3年間と設定しています。「通級指導教室、学校、家庭が、それぞれの立場で、子どもへの支援はどうあるべきか」について考える期間ととらえて、意識的に関わっていくことができるのではないかと思います。

しかし、この指導期間が終了する時点では、適応力の向上は見られても、子どもの特性は残ったままです。そこで、通級担当として、「終了後の校内支援体制の整備」について支援していきます。

まず、終了する前の3学期に、「校内支援体制案（必要な支援場面と支援者、支援内容等）」（P90）を在籍校の特別支援教育

コーディネーターを中心に作成してもらいます。通級担当は、「通級指導時の指導内容や方法等」を参考資料として提供します。そして、3学期の評価をもとに次年度の支援体制を整備してもらいにも参加します。

5 通級指導教室で抱え込まない

これらの話し合いの中で、通級指導の継続が望ましいと判断された子どもについては、引き続き指導の対象としています。

指導が終了しても、支援や配慮が必要なくなれば、その学校内や家庭で、そのときの子どもの状況に応じた支援が用意されていくようになると思います。しかし、子どもの適応力の向上と共に、学校や家庭での支援体制づくりがスムーズにいくようになれば、その学校内や家庭で、そのときの子どもの状況に応じた支援が用意されていくようになると思います。

いつまでも通級指導教室で抱え込むのではなく、子どもや学校・家庭といった支援はなくて、子どもや学校・家庭といった支援者の力を信じて、指導の終了を迎えられるようにしたいと考えています。

（　　　）小学校（　）年（　）組（　　　　　　　）　平成○○年度３学期　校内支援体制案
（H○○.○.○○作成）

支援者	担任（○○），級外（○○），教頭（○○），養護教諭（○○），ＴＴ担当（○○），学習支援員（○○），図書館司書（○○），保護者（母），特別支援教育コーディネーター（○○）
支援場所	教室（○の○），○年学習室，保健室，図書室，職員室，保健室，事務室，その他

	中心となる課題・本人の「困り感」	衝動性と共に不器用さがあるため，手先の細かな活動や感情表現のコントロールに固さが見られる。 そのため，学習面では道具を使った細かな作業に対する苦手さがある。 また，対人関係でもトラブルにつながることや，感情が高ぶりやすい面が見られる。				
	支援場面	いつ	どこで	誰が	どうする	評価
学習面	その道具を初めて使うとき ・算数…コンパス・分度器 ・図工…彫刻刀	１週間程度前～	教室 家庭	担任 ＴＴ 母	・道具の使い方について，あらかじめ教え，実際に使わせてみる。 ・使い方に慣れておくように家庭でも練習するため，前もって連携する。	
学習面	書字 ・習字の授業 　（硬筆・毛筆） ・視写や作文	その授業の前 授業中，宿題	教室	級外 担任	・練習帳になぞる線を書いておく。習字道具を置く場所をイラスト図で確認させる。 ・書く分量を本人と話し合って調節する。	
行動・対人関係面	クールダウンの場所の確保とその前後の心理的対応	パニック時 落ち着かないとき	職員室 保健室 図書室	教頭 養護教諭 図書館司書	・クールダウンコーナーをあらかじめ本人に知らせ，使い方を一緒に話し合っておく。クールダウン後に本人の事情・感情を聞き，次回につなぐ。 ・見通しをもたせるために，教室に戻る時間を聞いて様子を見守る。	
行動・対人関係面	友だちと一緒の活動 ・話し合い場面 ・遊びの場面	学級会 休み時間，昼休み	教室 運動場 校内	担任 学習支援員	・話し合いの柱をあらかじめ知らせ，見通しをもたせる。 ・トラブル時は，双方からしっかり経緯を聞き取り，時系列に沿って視覚的に示し，双方の通訳となるようにする。本人の感情を受け止めながら，話を聞き次回につなぐ。	

先輩に学ぶ！

Q12 担当者としての専門性を高めるにはどんなことをしたらよいでしょうか

公文眞由美

はじめて通級の担当になり、先生方が感じられることは「戸惑い」ではないでしょうか。私自身も前任者の突然の異動でことばの教室の担当になり、本当に悩みました。また、平成15年には県内で数校しかない情緒通級の新設に携わり、新たな専門性が求められました。そんな私が、これまで自分自身の専門性の向上のために心がけたこと、役に立ったと思うことを紹介します。

1 百聞は一見にしかず、まずは先輩の授業を参観して「真似る」

学級担任しか経験のない私が通級担当になったのは、ことばの教室でした。教室は3教室だったので、先輩の指導の様子を参観させてもらい、構音障害、吃音、聴覚障害、自閉症など様々な子どもへの授業や対応の仕方を学びました。情緒の通級担当になったときも、先進的な学校を見学し、時間の組み方や指導のあり方について学びました。イメージすらないとき、まずは見て学ぶことからはじめました。

2 とにかく試行錯誤で「やってみる」

LD学会や療育機関などが主催する養成講座にも参加しました。職種も年齢も異なる者が、子どもたちの「困った」を改善するために、熱心に学ぶ姿に感動し、学生時代に戻ったようで、わくわくしながら授業やテストを受けました。横文字が飛び交う難しい講義は、繰り返し受講しました。

普段は1人でやっているので、研修会に参加するたびに、「日本中に、同じ志をもつ人がこんなにいるんだ。よーし、頑張ろう」と、気持ちを新たにすることができました。

研修会で「これはいける」と、思ったことはとにかく試してみました。必要に迫られ、試行錯誤でペアレント・トレーニングにも取り組みました。行動療法という理論をベースにした方法は、まさに私と子どもの関わりにも通じるもので、大変参考になりました。

91　第3章　先輩に学ぶ！　教室運営Q＆A

3 研修会の講師を「引き受ける」

通常の学級でもLDやADHDということばを耳にするようになると、研修会の講師依頼が来るようになりました。講師など未経験のことで不安でしたが、まわりの無理解に悩み苦しんでいる保護者を前にすると、啓発の必要性を感じていました。現場の先生方や保護者などを前にした研修なので、本を読んだり、自分の受けた研修の復習をしたり必死で勉強し、心臓が高鳴る中で研修会に臨みました。研修会では、本に書いてあることだけではなく自分の経験を話さないと伝わりません。そのことが、日々の実践を客観的に見つめることにつながりました。

4 「仲間をつくる」

通級担当は、学校内にあっても仕事内容や悩みを他の先生方と共有することが困難で、孤立しがちです。そこで、仲間と2人で、特別支援学級担当の知人数名を誘って、学習会をすることにしました。月1回、会費5百円を出し合い、お金がたまると、講師を招いて話を聞きました。講師は小児科の医師や臨床心理士、大学の先生、発達支援センター職員など様々です。

5 子どもの行動に対応する、たくさんの「引き出しをもつ」

Aさんは、「〜博士」というほど好きなことには熱中し、一方的にしゃべりますが、人の話を黙って聞くことや待つことが大の苦手です。個別の時間も「めんどくさい」と、書くことを嫌がります。「そうだよね。めんどくさいよね。息をするのも生きるのもめんどくさいよね」と言うと、ぎょっとして私を見ました。そこで、彼にとってめんどくさくないことは何かを話してもらい、それを書いていきました。書いた図を見ながら、「じゃあ、好きなことだけしていれば、いいんだね」と言うと、「それじゃ、だめになってしまう」と言ったのです。彼自身、本当は書きたいのです。でも、書くのが苦手でうまくできないので、わかってはいても「めんどくさい」ということばで自分を守ってしまうのです。めんどくさいこと

もしなくてはならないことを、本人が自覚した授業でした。

Bさんは4人での小集団学習の際、教室の電気のスイッチをつけたり消したり、大声を出したりしていました。はじめての人や場所への不安が、そうさせたのです。

「なぜ、叱らないんですか」と、保護者に言われました。叱ってできるなら、通級する必要はありません。

子どもは、教師をいろいろな方法で試します。そんなとき、子どもたちの目の前の行動に振り回されずに、行動の意味を考えて関わるようになり、余裕が生まれました。それは、様々な研修や実践を重ねた中で、私自身が子どもの問題行動への対応の仕方について、心の中に多くの引き出しをもつことができたからだと思います。

6 専門性を身につけるには「謙虚に学ぶこと」「学ぶ楽しさを知ること」

専門性とは何かと問われると、子どもの特性や状態に即して、柔軟に対応する力だと思います。専門性を身につけるというのは、あくまで結果の問題ではないでしょうか。困っている子どもたちの理解と支援について、謙虚に学んでいけば、結果として専門性がついてくるのだと思います。子どもたちのためにと思っていたのですが、振り返ってみると実は、私自身が生かされているのだなあと感じます。学ぶことの意味や楽しさを、まずは、教師自身が知ることが大切ではないかと思います。

〜〜LD学会とは〜〜

日本LD学会は、LDとその近隣にある障害の概念をきちんと理解し、そうした状態にある人々への科学的で、適切な発達支援を考えるために、教育、心理、医療等に携わる専門家や教師、保護者により、1992年に設立された学術研究団体です。2009年4月1日に法人化し、「一般社団法人日本LD学会」となりました。学会の目的は、LD・ADHD等の発達障害に関する研究・臨床・教育の進歩向上を図ると共に、LD等を有する児（者）に対する教育の質的向上と福祉の増進を図ることにあります。

〜〜行動療法とは〜〜

心理療法の1つで、H・J・アイゼンクの『行動療法と神経症』（1960）によりその名称が広まりました。行動理論と学習理論をもとに展開されますが、行動の変容に治療の目標が置かれます。行動療法では、不適応行動は後天的に学習されたものと考え、「望ましくない行動の低減」や「望ましい行動の増大」といった「行動の制御」を学習の原理により学習し直すことが目標となります。レスポンデント条件付けやオペラント条件付けの理論をもとに、誤学習の削減や適応行動の再学習を行います。近年は、不適応行動を環境の認知やモデリングによる要因を重視する観察学習などの社会的学習理論や、認知、感情、行動を分化して捉えたうえで、感情と行動をコントロールする認知機能を高める認知行動療法と統合された体系なども広義の行動療法とする考え方もあります。

先輩に学ぶ！

Q13 子どもの実態や指導について保護者との共通理解はどう図ればよいでしょうか

沼田　敦

　指導をより効果的なものにするためには、保護者との共通理解が必要不可欠になってきます。より正しく子どもを捉え、保護者と共通理解をもつことで家庭と通級の連携が深まり、在籍学級とも合わせれば子どもが成長していくものです。

　しかし当初、子どもの捉え方として保護者の思うことと通級担当の思うことに「隔たり」があることも否めません。

　保護者は毎日、子どもと生活して過ごしている分、当たり前のようにやりとりして通じ合っていることが多いはずです。「家では落ち着いているのに、学校でトラブルがあるのは信じられない」というようなことがあります。また反対に「家では言うことを聞かず乱暴なのに、学校ではいい子にしていて親の大変さがわかってもらえない」というようなこともあります。

　通級担当として課題と思える部分が、保護者からすると何でもないことになってしまうこともありますし、その反対もあります。

　あることが多いです。アンバランスの下がっている部分に注目して苦手なその部分を引き上げれば、定型発達の子たちと同じように成長できるのではないかと考えている保護者もいます。子どもからすると、アンバランスの下がっている部分は元々苦手な部分で、努力しても頑張っても苦手な部分です。苦手な部分ばかり努力と根性で頑張らされると、子どもは不適応を起こしてしまいがちになるのは目に見えてわかります。苦手な部分だけでなく、得意な部分を伸ばすことで、自信をつけさせて全体的な底上げにつなげることを理解していただくことも必要になります。

　同様によくあるのが「失敗を経験させて大変な思いや嫌な思いをすれば気をつけるようになる。できるようになる」という保護者です。そう簡単ではありません。

　保護者とのやりとりを通して情報を共有し、これらの捉え方や考えや「隔たり」を埋めていく作業が共通理解を図っていくことになると思っています。

　また保護者によっては子育てが原因だと思い、気を張っている方もいるので、保護者を否定せずに評価できる部分は評価して

　「隔たりを埋める」ことが共通理解のキーワードとなってきます。

　子どもたちは、発達にアンバランスさが

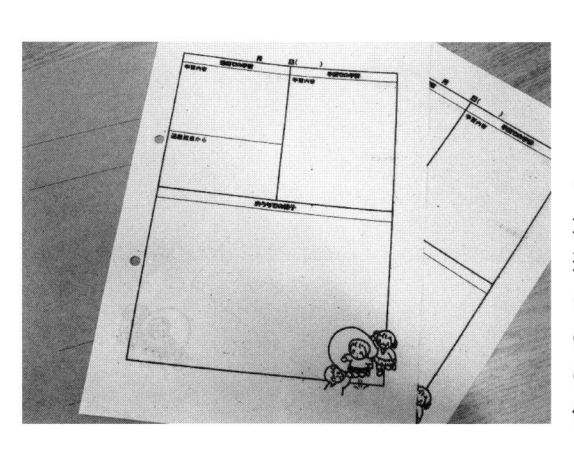

〈連絡帳の一例〉
左上に通級での取り組みと通級担当コメント欄。右上に通級で抜けた在籍学級での授業内容と在籍学級担任のコメント欄。下の部分が保護者コメント欄。

報を共有していくことができます。
・連絡帳（保護者・通級担当・在籍学級担任の三者のやりとり）

〈保護者から得たい情報〉
・生育歴
・相談歴
・知能検査の結果
・手帳の有無
・得意、不得意
・地域との関わり
・その他

1 保護者とのやりとりの手段・方法

・面談（保護者・通級担当の二者、保護者・通級担当・在籍学級担任の三者）

面談は定期的であったり不定期であったりします。年度初め、学期終わり、年度末にするとよいかもしれません。林間学校や修学旅行での対策が必要な場合は事前に設定するのもよいでしょう。

在籍学級担任にもわかってほしいと、三者での面談を希望する保護者もいます。

・電話・FAX・メール

電話については当たり前ですが、かける時間帯に注意します。きょうだいがいる場合もあり、忙しくない時間帯にかけるとよいと思います。

・立ち話

通級では保護者の送迎があり、常に顔を合わせることができます。通級での様子を伝えていくことや、何気ない会話の中で情

2 保護者とのやりとりで留意すること

・子どもがいるところでは、子どものマイナス面は極力言わない。

・保護者が子どもを一番長く育てていることと、関わっていることに留意して、保護者の関わりや思いを否定しない。通級担当として保護者の考えの変更を促すときは、否定せず、方向性を示すようにします。

95 第3章 先輩に学ぶ！ 教室運営Q&A

先輩に学ぶ！

Q14 保護者に指導の様子を伝えるときのポイントを教えてください

藤枝靖人

私がこれまで担当してきた通級指導教室は、指導室の隣が保護者の待合室になっていました。そのため、どんなことを言っているのかは耳を澄ませばよく聞こえる状態でした。保護者の中には、指導後子どもに、またゲームの話ばっかりしてとダメ出しをされる方もいました。そんな環境にはじめは緊張し、毎日が「参観日」というプレッシャーに押しつぶされそうになりましたが、授業準備や授業のリズムに自信がもてるようになるとだんだん気持ちに余裕ができ、時折「今日は中で参観されませんか？」と声をかけることができるようになりました。やはり、指導は見てもらうのが一番だと思います。実際何をしているのか気になる保護者も多いですから。ですが、毎回となると私も子どもも保護者も疲れてしまいます。そこで、私が普段している保護者との情報交換について紹介します。

1 指導後の雑談

指導が終わると待合室に行き、次時の確認を行います。その間に保護者とその日行った指導内容やよかった点、気にかけてもらいたいことなどを伝えています。そのときに伝えきれなかったことは、連絡ノート（P98）を綴じた連絡ファイルに書くようにしています。また、保護者が気になることがある場合は、別日に教育相談の時間を取り、話をうかがっています。ちなみに、項目名に「指導後の雑談」と書きましたが、といった感じではなく「最近、おうちでどうですか」とか「お休みに旅行ですか。いいなぁ」といった井戸端会議のような感じで気楽に話をしています。

2 連絡ファイル

連絡ファイルは、担当者と保護者、学級担任の三者で行っています。中身は、指導内容と頑張っている点、気になる点、協力をお願いする点などです。質問や相談が書かれていたときなどは、その返事を書くこともあります。他の担当者の中には、授業後さっとその日の様子を書いて毎回ファイルを渡される方もいますが、私の場合は隔週です。

連絡ファイルは三者で行っているため、

3 学期ごとの懇談会

各学期末には、保護者との懇談会の時間を設けています。そこでは、個別の指導計画の評価と次学期に向けての話を主にしています。個別の指導計画の評価は、目標や学習に対する子どもの変容等を話しています。次学期に向けての話では、指導内容について保護者に説明するようにしています。

例えば、「Aさんは今学期、計算問題を中心に行ってきて、計算力がだいぶん身についてきたように思うのですが、文章問題になると難しくなります。そこで、次学期は文章問題を中心に指導をしてみようと思うのですが」と、通常の学級では担任に任せられている指導内容を説明し、保護者の意見も聞きながら次学期の目標や指導計画するようにしています。保護者が通級当者としても、学校でのことや家でのことを踏まえて指導に生かしたり、教材づくりの参考にしたりできるので活用しています。「忘れ物チェックシート」「音読ワンポイントアドバイスカード」は、三者で協力して作成した教材です。

4 メールや電話

最近は、仕事や子育てで忙しく、ゆっくり話をしたくても時間に都合がつけられないと言われる保護者がいます。そうした方とは、メールでのやりとりをしています。これだと、私も時間の空いているときに返信することができるので重宝しています。

とはいえ、指導の様子というよりは「教育相談」的な内容が多いのですが…月に一度しか指導を受けない子どもの場合は、電話で様子をうかがい、加えて指導の様子などもお伝えしています。

担任は通級や家庭でのことがわかり、保護者は通級や学校のことがわかるので情報交換を行ううえで非常に役立っています。担当者としても、学校でのことや家でのことを踏まえて指導に生かしたり、教材づくりの参考にしたりできるので活用しています。「忘れ物チェックシート」「音読ワンポイントアドバイスカード」は、三者で協力して作成した教材です。

指導での様子を話し合えるようにしています。「説明責任」というと大ごとのように聞こえますが、私はこうした評価や指導内容を話し合える機会も指導の様子を伝えるうえで大切にしています。

連絡ノート　　月　　日　　曜日

サポートルーム での様子	
学級での様子	
家での様子	

先輩に学ぶ！ Q15 保護者との関わりではどんなことに気をつけたらよいでしょうか

小松直樹

1 保護者が変われば、子どもが変わる

保護者との関わりは大切ですが、保護者の考え方や行動を大きく変えようと頑張る必要はありません。子育てで悩んできた保護者がほとんどです。どうしたらいいのか困っているのですから、子どもへの見方や考え方の角度を少し変えてあげるだけで、新鮮に感じてもらえます。そこから、担当者との信頼関係が培われていきます。

最初は傾聴から入ります。自分の思いを聴いてほしいという欲求は、保護者なら誰でも強くもっているからです。「この先生は私の話を聴いてくれる」と思ってもらうことがまず大切です。その思いが次に「だから自分の子どもの話や思いも、この先生なら聴いてもらえる」となるのです。保護者との共通理解がなされたとき、子どもの姿が大きく変わります。

① 「大丈夫！」ということばを求めている人

不安が強い人です。誰でも生きていく先に不安をもつと、目の前のことしか見えません。それを子育てに当てはめると、子どもの気になる姿に叱責しかできなくなったりもします。叱責しかできない子どもの状態は悪化し、さらに叱責されるという悪循環に陥ります。また保護者もそんな自分に対し自責の念にかられます。

そんなときに信頼できる人からの「大丈夫！」ということばはとても救われます。保護者の心に安心感が芽生え、子育てに前向きになることができれば、子どもの安定につながります。

② 「子育てのせいではない」ということばを求めている人

子育てが悪かったから、またはそのようなことを他者から言われ自己否定が強い人です。本質的な部分から問題行動になっていると言われることで、安心感につながります。障害名を告げることは、医者ではない私たちにはありえません。しかし保護者の自己否定をなくしていくために、障害

2 求めていることばを探る

関わり方には1つの答えがあるわけではありませんが、面談をしながら保護者がど

からくるものであることを上手に説明することで、大きな信頼感を得ることができます。その人と同じ状況に自分を置いて考え、その人になりきる努力をします。それが共感できる心や姿となり、相手の心に響くことばとなって表れます。

4 この話なら、どの保護者にも有効

私が保護者と面談するときに、必ず話すことがあります。

① 「この子もよい子ですよ。行動がよくないだけです。本質は素晴らしいですよ」
（行動変容の大切さを促していきます）
※行動を変えれば、こんなによい子と思えるその子の姿を伝えるとより効果的です。

② 保護者が気づかないことを見つけ、子どもの姿で話します。（見方を変えます）
※自分の気づかなかった姿を示してもらえることは、信頼感につながります。

他にもあるはずです。大切なことは、保護者に「この先生は子どものことも私のこともわかってくれる」「自分とは違う視点をもっている」といった安心感や期待感を与えることで、子育ての意欲をもってもらうことだと思います。

③ 方法を求めている人

子ども理解に苦しんでいる人です。自分なりに努力してきたけれど成果が感じられず困っています。"この子がわからない" "私は頑張っているのに、なぜよくならないの？"と子どものせいにしてしまいます。

保護者の気づかなかった方法をたくさん示していくことで、安心感と信頼感を得ることができます。必ずしもその方法がうまくいくわけではありません。でも、一緒に考えていく姿勢は、保護者との関わりでとても大切なものとなります。

3 相手になりきる努力をする

一人一人の子どもが違うように、保護者も生きてきた中での経験が違います。自分が当たり前と思っていることも、保護者は微妙にずれて感じていることがあります。それに気づかないで関わり続けていくと、少しずつ溝をつくってしまいます。できる

先輩に学ぶ！

Q16 保護者向けにどのような活動をしたらよいでしょうか

岡田克己

1 体験型保護者学習会で子どもの気持ちになろう！

最近では、特別支援教育関連の情報が、インターネットや書店、講演会等から容易に入るようになり、保護者にとっても知識や対処法を学ぶ機会が広がってきています。

しかし、保護者からは、「子どもがどうしてできないのかわからない」「ほめなくちゃいけないとわかっていても、つい叱ってしまう」「子どもの気持ちや考えが理解できない」「自分の子どもを好きになれない」等、悩みの声はつきません。

そこで、「体験型」の保護者学習会を行い、実際にロールプレイを通した授業を受けることで、子どもの立場で「子どもの気持ち」を理解する取組を行いました。

今回は、体験型保護者学習会として取り組んだ2つ「LD・ADHD等の心理的疑似体験プログラム（日本LD学会）」と「通級疑似体験プログラム」を紹介します。

2 「LD・ADHD等の心理的疑似体験プログラム」をしよう

通級には行動面や対人面での困難さだけでなく、学習面の困難さを抱えている子どもたちも通っています。学習上のつまずきは一様ではなく、個々に実態が違います。学習面でのつまずきや困難さを疑似体験できるものとして、日本LD学会では「LD・ADHD等の心理的疑似体験プログラム（2007年版）」を作成しています。

＃と☆の＠っているカードの＄を▼わせると72●です。＃の＠っているカードの＄は☆の３＆です。＃と☆の＠っているカード＄はそれぞれ◎●ですか。
＜◆＞　　　　▲え

漢字理解で困っている子の算数の文章題

3 「通級疑似体験プログラム」をしよう

本プログラムのねらいは、「できるための支援法を考える」前に、まずは「できないときの支援法を考える」前に、まずは「できないときの子どもの気持ちを体験する」ことです。困っている本人の立場になってみることで、どういう支援がまわりからほしかったのかを感じとってもらいます。そして、「（まわりから見て）困った人」ではなく、「（本人が）困っている人」という視点から支援を考えることがポイントとなります。

また、本プログラムは、「注意集中」「聞く」「話す」「読む」「書く」等に分けた内容となっており、学習上の様々なつまずきを疑似体験し、困難さの背景となる認知特性を理解するうえでも有効なものです。

本校では、本プログラムを参考に保護者学習会の内容を作成し、1国語（見る・文を読む）、2算数（文章題）、3社会科見学の話、4国語（漢字）、5国語（説明する）、6算数（迷路）、7帰りの会（連絡帳記入）を行いました。通級担当が「先生役」、保護者が「子ども役」となり、ロールプレイで授業を行いました。

次に、普段子どもたちが受けている指導の小集団活動を、保護者に実際に体験しました。保護者学習会の内容（通級疑似体験プログラム）は、下の表の通りです。

学習会のねらいは、「ねらいに沿った指導を実際に体験する」「通級の低・中・高学年の発達段階別の指導内容や主なねらいの違いを知る」「メインTとサブTとのTTによる指導を知る」です。

発達段階別の通級の主なねらいとして、

あったかことば
いいよ
どんまい
ナイス
ごめん
はい

ちくちく言葉
へたくそ
ちゃんとやれ
チェッ
もう〜
ばか

風船バレーのあったかことばかけ

保護者学習会（通級疑似体験プログラム）の内容

	学習会の内容	具体的な活動内容とねらい
1	始めの会（低学年の指導）	予定やめあての確認，質問応答（発言のルール理解）
2	言語（中学年の指導）	2人組で共通点探し，相違点探し（適切なコミュニケーション）
3	運動・動作（中学年の指導）	風船バレーボール（あったかことばの理解と使用）
4	ソーシャルスキル（高学年の指導）	思っても言わないほうがいいこと（気持ちとセリフの使い分け）
5	ゲーム（低学年の指導）	トランプで4カードゲーム（勝ち負けの経験，気持ちの表現）

思ってもいわない ほうがいいこと
（気持ちと セリフを別々に考えよう）

いてーな！ 知らない子とろうかでぶつかったとき

友だちが泣いてうるさいとき

低学年では「一斉指示で行動できる」ための集団参加・集団適応指導、中学年では「グループ活動で友だちと活動できる」ための話し合いやコミュニケーションの指導、高学年では「自分の特性を理解し、落ち着いて生活できる」ための適切な自己理解・感情認知を促す指導を中心に取り組んでいることを事前に伝え、理解を促しました。

4 学習会後の感想 保護者の声は「子どもの声」に

2つの体験型保護者学習会を終えて、感想を伝え合いました。以下、実際の感想です。

「集団で学習していると、できた人を見るとすごい焦った気持ちになる」

「話し合いで、自分の意見をタイミングを見計らって伝えるのが難しかった」

「わからないときに、先生に指名されたらどうしようと思って緊張した」

「先生に頑張ってと言われても、どう頑張っていいのかわからなかった」

「一生懸命に文を読んだのに、きちんと読みなさいと言われて、嫌だった」

学習会後の保護者からは、子どもと同じ立場で同じ気持ちになった感想が次々に出てきました。保護者の感想として述べられた内容は、まさに「子どもの声」そのものでした。「体験型」学習会を行うことで、実際に「子どもの気持ち」になり、感じたことこそ保護者の「子ども理解」のはじめの一歩となったように思います。

〜疑似体験プログラムとは〜

　LDやADHD，自閉症スペクトラム等の子どもが日頃，教室や友だち関係の中で経験していると思われる学習面や行動面における困難，それに伴う不快な感情やストレス等について，疑似体験を通して理解してもらうことを目的とした研修プログラムです。教師や専門家，家族などがそれぞれの立場で研修に参加してもらい，LD等のある子どもに対してどのように関わればよいか具体的に考えてもらいます。研修に用いる教材として，日本LD学会が「新版LD・ADHD等の心理的疑似体験プログラム」を作成しています。

先輩に学ぶ！

Q17 子どもの実態や指導について担任との共通理解はどう図ればよいでしょうか

飯島知子

通級による指導での学びが、在籍学級での指導・支援と連続性をもつことで、学校での適応をめざすことが大切と考え実践しています（P105図）。

1 他校通級の場合

他校通級の場合は、在籍校訪問や担任への通級による指導の公開、担任・特別支援教育コーディネーター会等、年間計画（P105表）を立て、担任と連携できる教育システムが必要になります。実際に在籍学級・在籍校に出向いて授業を観察したり、担任に合ってもらって話し合ったりすることは大切で、まさしく「百聞は一見にしかず」だと思っています。

しかし、限られた回数で効果的な関わりをするために、工夫も必要です。通級する子どもの表れを観察するだけでなく、学級全体の様子や担任が実際に行っているよい関わり、支援・指導を見つけるようにしています。そして、子どものつまずきの原因となる特徴や能力となぜその関わりがよいのか伝えるようにしています。短時間にわかりやすく話ができるよう、A4判1枚程

度に「実際に行っている支援・指導」「子どものつまずきの原因となる特徴や能力と考えられること」「さらにできそうな支援・指導」を書き、まとめて話し合えるようにしています。さらに、電話連絡やメールなど、限られた時間を上手に使う必要もあると思います。

その際には、子どもにも様々な特徴があるように、担任も経験年数や得意なことが違っていることを配慮して関わることも必要だと思います。

さらに、子どものことを、校内体制で支援・指導していただくケースも多いので、校内の特別支援教育コーディネーターとも連携できる関係づくりが必要だと思います。

2 自校通級の場合

自校通級の場合は、同じ学校なので担任とは比較的連絡はとりやすいと思います。

しかし、他校から通級する子どもも指導することを考えると、担任と関わる時間や関わり方は、計画的に位置づけ、担任が主体的に子どもの支援・指導ができるようにする必要を感じます。

104

表　年間計画

1学期	担任者会 在籍校での授業参観（1回目） 担任へ通級による指導の公開 退級児童のサポート会議
2学期	在籍校での授業参観（2回目）
3学期	退級児童のサポート会議

※必要に応じて，教育相談や校内研修会に参加しています。

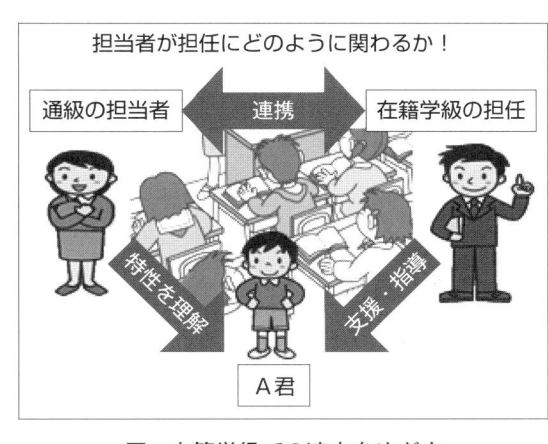

図　在籍学級での適応をめざす

担当者が担任にどのように関わるか！

通級の担当者　⇔連携⇔　在籍学級の担任

特性を理解　　支援・指導

A君

筆者は授業研究会で行う授業に介入することで、通常の学級に在籍する発達障害の可能性のある子どもの教育的支援を教科教育でどのように実践していくか担任と共に考えていくように努めています。また、授業後の話し合いでも、特別な支援が必要な子どもにとってつまずきとなる原因と関連させ、指導の工夫や個別の配慮点について検討できるように発言するよう心がけています。

3　どんなことを共通理解するか

子どもの実態や指導を共通理解するために、担任がどんなことを知りたいか、通級する子どものつまずきをどのように把握しているかを知る必要があると考えています。

そこで、「どうして離席してしまうのか」「授業中に大きな声を出すのはどうしてか」等、担任にとって困ったことがあったとき、行動の表れや学習のつまずきの原因について共通理解するようにしています。また、担任を困らせない場合も、本人がどのように困っているのか同様に共通理解するようにしています。

つまずきの原因となる障害特性や能力、得意なことと苦手なこと、また、家庭環境の状況などがわかると、指導するべきことが明確になってくると思います。しかし、障害特性といってもASD（自閉症スペクトラム障害）とADHD（注意欠陥多動性障害）が合併している場合があったり、特定できない場合があったりするので、本人の特徴を把握することが一番大切だと思います。そのために、担当者は行動観察する力だけでなく、発達検査（WISC-IVやK-ABC等）の知識をもち、より深く実態把握できることが必要だと思います。また、保護者の許可を得て、関係機関（医療機関や発達支援センター等）と連携することによって、多角的に理解することもできると思います。

以上のように子どもの実態を正しく把握することで、担任にとって「困らせる子」から「困っている子」という理解ができると、通常の学級の中でも主体的な指導に変わっていくように感じます。

105　第3章　先輩に学ぶ！　教室運営Q&A

先輩に学ぶ！

Q18 通級での指導を在籍学級で生かす工夫を教えてください

山下公司

1 連絡帳や個別の指導計画の共有から本人にも明確な目標を示す

本教室では、保護者と在籍学級担任と通級指導教室の三者で1つの連絡帳（A5縦）のやりとりを行っています。通級での指導内容やそのときの様子を知らせ、家庭からは、指導に対する子どもの反応や在籍学級での現在の困りを伝えていただいています。また、在籍学級の担任にも記入してもらい、通級での指導に対する子どもの反応や学級での様子をリアルタイムに伝えてもらいます。そうすることで、在籍学級での困りを通級での指導に生かせる場面が出てきます。

個別の指導計画も保護者の了解を得て、在籍校にも送り、担任に見てもらうようにしています。

Aさん（小学5年生）は、友だちに対して思わずきついことばを使ってしまうことが多く、なかなか友だち関係がうまくいきませんでした。通級では、「あったかことばを使おう」ということをキーワードに小集団活動を通して、ことばの使い方を含めた人との関わりについて指導してきました。

そのことを在籍学級にも連絡帳や個別の指導計画を通して伝えたところ、担任も同じように、友だちとの関わりを「あったかことば」という視点でとらえ、支援してくれました。

通級で、意識してあったかことばを使うことができるようになり、在籍学級でも生かそうと本人が意識し、担任から認められることで在籍学級でも生かせるようになりました。Aさんが言うには、「意識すればできる。だから、できるようになってきた」とのことでした。

明確な目標を通級と在籍学級で共有することで、よりAさんにとって意識しやすい環境が整えられたのかもしれません。Aさんは、在籍学級の友だちからもよくなったと評価を受け、のびのび楽しく毎日を過ごしています。

2 本人と困りについての作戦を立てる

通級指導教室に通う子どもは、在籍学級で何らかの困りをもっています。高学年になると、「うまくやりたいのに、どうしてもうまくいかない」ということを本人も自

イライラがたまる様子　　Bさんが立てた目標　　Aさんのある日の連絡帳と担任のコメント

覚し、悩みとなり、自信を失うことにもなります。

そこで、自分の困りを表現できる子どもについては、困りについての作戦会議を行うことで、在籍学級で過ごしやすくなることがあります。

Bさん（小学6年生）は、嫌なことがあるとものを壊してしまったり、自分やまわりの友だちを傷つけてしまったりすることがありました。自分でも「イライラがたまってしまうと、爆発してしまうんだ」と指導の際に話していました。また、「なんとかしたいんだけど…」ということも話していました。

そこで、指導ではイライラがたまる状況を整理し、どのようなときにイライラしてしまうかということ（イライラの原因）をまず考えました。そのうえで、どうなれば爆発してしまうかを考えたところ、原因が重なると爆発してしまうということがわかりました。そこで、先生と一緒にイライラを解消する方法（好きなことを考える、深呼吸する、水を飲みに行く）を考え、爆発するくらいイライラがたまるまでに少しずつ解消していく方法を実践してみることにしました。

最終的には、「イライラ怪獣が部下を連れてきたけど、返り討ちにした」とまで言うことができるようになり、自分に対策を練ることができました。

指導を通常の学級で生かせるようになるためには、1のように学級担任に指導の内容や目標を明確に伝えていくことが必要になります。また、2のように本人が「在籍学級での困りを解消したい！」となり、共同作戦を立てることが重要になります。

また、何よりも本人が意識的に課題に向かう必要があります。そのためには、通級で課題を解消し、よりよい学級での適応を目標としているということが子どもに伝わることが重要です。

づけ、その怪獣を倒すことを目標にしました。

1週間に一度の通級だったので、1週間後に振り返りを行い、戦いぶりを話してもらい、修正をしてからまた1週間の戦いに臨みました。少しずつ軌道に乗り、自分に合うイライラ対策もできるようになってきました。

「打倒イライラ怪獣作戦」と名

107　第3章　先輩に学ぶ！　教室運営Q＆A

先輩に学ぶ！
Q19 担任との話し合いで重視するのはどのようなことですか

藤枝靖人

通級に通う子どもの数は年々増加していますが、担任の多くは、指導で行われている内容を、ほとんど知らないというのが実情です。ですから担任には、通級とはどんなところで、何を教えていて、どんなシステムなのかを説明するところから入っていきます（P110参考）。

中で重視しているのは、学級と家庭、通級とが連携し合うことです。個の実態に応じた正しい理解と認識をもち、一貫した指導・支援を行うためには、三者が協力し合い、情報を共有していくことが必要不可欠だと考えるからです。ですから私の場合、連携のはじめの一歩として、担任と顔を合わせてお互いを知っておくことや協力のお願いをしてまわることからはじめています。

1 年度当初の担任との話し合い

自校通級の場合、通級を行う子どもの担任が決まった段階で、個々の障害特性や配慮の内容、通級を行う授業の時間割を調整すること、授業を抜けることへの配慮が必要であることなどを伝えています。自校通級の子どもが多い場合は、在籍学級の担任を一堂に集めて通級についての説明をすることもあります。

他校通級の場合は、時間割調整や個人別の教育課程がまとまる4月半ばから後半にかけて、在籍校の特別支援教育コーディネーターと担任に挨拶をしてまわります。その際に、指導の概要と配慮事項を話していきます。

自校他校問わず、年度当初の話し合いの

2 情報交換

自校の場合は、担任との話し合いは主に担任の空き時間と放課後です。指導した子どもの場合は、授業内容や子どもの様子などをその日のうちに担任に伝えたいので、休み時間等で担任を見つけたら声をかけるようにしています。そうしたやりとりの中で、担任が一番気にして相談してくることは、障害特性に対する対応の仕方についてです。これは個別と集団とで対応が違ってくる子どももいるので、まずは、学級の状態を見させてもらうようにしています。その後担任と普段の学級の様子や実態を話し合い、実際に今度は学級での授業に参加して個別

に指導や支援を行う中で、効果的な指導・支援を助言しています。障害特性については、最低限の知識を得ることは必要ですが、対応の仕方や効果は個によって違います。ですから、実際に学級を見に行ったり、参加したりしながら担任と情報交換を行い、一緒に対応策を考えていくようにしています。

他校の場合は、残念ながら自校と同じようにいつでも学級を見に行ったり、授業に参加したりすることはできません。そこで、情報交換の手段として用いているのが、「連絡ファイル」です。連絡ファイルは保護者、学級担任、通級担当の三者で回覧しています。ですから三者が一貫して指導・支援を行うための必須アイテムになっています。それ以外に、A市の場合は市内の教職員のみが使用できるSNSによるメールを情報交換に活用しています。私の場合、連絡ファイルを隔週で渡しているので、それ以外での情報や担任に気に留めておいてもらいたいことなどをメールで知らせています。そうした他校の担任とのやりとりの中では、指導で効果的だったことや子どもの変容等を詳しく伝えています。集団では難しいことでも、個別になるとできる子ど

もは大勢います。ですから、それを担任にも知ってもらうことで、「できない子ども」から「やり方を工夫すればできる子ども」へと、意識を変えてもらえればよいと考えています。

3 担任との関わりの中で

担任との話し合いでは、子どもや保護者への対応についての話が主となり、担任の頑張りを評価することを見落としてしまいがちです。指導・支援で工夫しているところを実際に見て、具体的にほめることは担任の自信にもつながります。以前関わりのあった担任の中には、朝の様子や授業中の様子などを通級に送り出す前に連絡してくれたり、授業後に担任から様子を尋ねてくれたりしました。その担任は、保護者との連絡・連携や子どもへの支援も率先して行っていました。そうした担任に受け持たれている子どもが、よい方向に変容しないわけはありません。「共に」子どもを育てていきましょうという姿勢で、お互いの専門性を生かしながら協力体制を積み上げていくことが望まれます。

サポートルーム（通級指導教室）の御案内

◇通級による指導とは
　通常の学級に在籍しており学校生活の中で，友達とのかかわりや学習の仕方などで支援を必要としている児童が，学校生活をスムーズに送ることができるよう，個別に指導をしていきます。

Q1　サポートルームとは　どんな教室ですか？
→ 普段は自分の学級や学校で学習しながら，週に1～2回程度通って学習をする教室です。（学習する時間は，保護者や本人，担任と話し合って決めます）

Q2　どのような学習をするのですか？
→ 学習内容は個々のニーズに合わせて一人一人違った学習をしています。
→ 個々の課題を軽減・改善できるように，目標を定め個別や小グループで学習を行います。

Q3　どのような子どもが通えるのですか？
→ 読む，書く，話す，計算することが極端に難しい。
→ 離席が多く，気が散りやすく集中することに困難さが見られる。
→ 自分の気持ちをうまく表現できない。
→ 自己中心的な話や行動がよく見られる。

Q4　手続きは
→ まずは，担任に御相談ください。
→ 必要があれば，校内で教育相談を行います。
→ 市の教育相談を受け，通級の判断がおりると，通級指導を受けることができます。

特別支援教育コーディネーター藤枝までお電話ください。

クラスには
○計算が得意な子ども，そうでない子ども　　　○走るのが得意な子ども，そうでない子ども
○絵が上手な子ども，そうでない子ども　　　　○ピアノが上手な子ども，そうでない子ども

⇩

人はみんないろいろな「よさ」や「困難さ」をもっています。
そして，それぞれに「個人差」もあります。その個人差の中で「困難さ」が極端な場合，自信や活動の意欲をなくしてしまうかもしれません。

⇩

そこで，困難さを軽減・改善するために，個の実態を把握し，個のニーズに応じた指導・支援を行っていくのが**サポートルーム**での学習です。

⇩

指導内容例
学習面…漢字の読み書きのドリル，基礎的な計算の仕方，作文指導等
行動面…集中力を高める練習，バランス力を高める練習等
コミュニケーション面…ロールプレイ，5W1Hの話し方等
ソーシャルスキル面…相手の気持ちを考える，ルールやマナー，場に応じた話し方や行動の仕方等
その他…ビジョントレーニング，ストレッチ等

先輩に学ぶ！

Q20 校内支援体制ではどのような役割を果たしたらよいでしょうか

小松直樹

障害のある子どもに関する専門的な知識等を有することから、通級指導教室の担当や特別支援学級担任が、校内の特別支援教育コーディネーターに指名される場合もよくあります。また、通級担当だからこそできることもあります。

1 特別支援教育コーディネーターとして心がけていること

朝の会、休み時間、給食時間などの空き時間はチャンスです。

通級担当になるとフリーの立場なので、朝の会や給食時間などの指導がありません。そうした時間を利用して、空き時間があれば校内を回っています。目的は、子どもを知ることと担任とのつながりを深めることです。

授業中に突然、学年とは関係のない人が入ってくると先生たちも少し身構えます。それは人の反射みたいな程度ですが、子どもはもっと警戒した姿を見せます。裏返せば、誰もが人目を気にして「よく見せたい」という本音をもっているからです。

しかし、適切な支援につなげるためには、本来の子どもの姿や先生の姿を知ることが必要となります。ですから、どの空間にも自分の存在を自然な形で置けるようにすることからはじめています。

教室への訪問も繰り返していくと、突然教室に入っても子どもたちは「うん？この人か」程度の反応になり、担任も気にすることなく授業を進めていきます。そうするといろいろなことが見えてきて、放課後の話題ができます。「あの子、前は学習に意欲的だったけど、今日は少し集中していなかったよね」など子どもの姿の話題をもつことで、担任の思いや悩みを引き出すことができます。そこから具体的な支援へとつないでいくことができるのです。それが、子どもに返すべき最も重要な校内支援体制での役割と考えています。

2 通級指導教室担当として目配りしていること

「そんな子どもの見方もできるのか」と思わせる目配りをしています。

教室を巡回して子どもを見るときは、この子のつまずきの本質がどこにあるのか見抜こうと努力しています。特に放課後談義

111　第3章　先輩に学ぶ！　教室運営Q&A

で、担任が困っているという子どもについて気づいていない部分を見つける努力をしています。

例えば、こんな事例がありました。

(事例1) 計算はできるのに、時計や図形がわからない子ども。

「この子は計算能力が高いのに、図形や時計になるとまったくできないです」という担任の悩みを聞きました。その後、その子どもの観察をしていく中で、次の2つの事実から担任に話をしていきました。

① その子の観察記録の絵が、学年相応ではなく、稚拙で形が整っていないこと。

② ノートに書かれている字の大きさがバラバラで、一文字ごとにずれていること。

この事実から視覚認知の問題、特に空間把握の弱さを指摘しました。この子は理解力や記憶力にまったく問題はない。しかし空間把握が弱いため、時計や図形など視覚から情報を得て考える問題はとても困っていると伝えました。

そこで支援の方法として、次のことを繰り返していくようアドバイスしました。

A) 時計の針に2色の蛍光ペンで色づけして問題を与える。

B) 図形では、問題に関わる部分に色づけして与える。

すると子どもは問題の意図が見えてくるようになり、慣れてくると自分で色づけして問題に向かうようになりました。担任からは「わからなかったのではなく、見えていなかったのですね」と子どもの捉え方について理解を得ることができました。

112

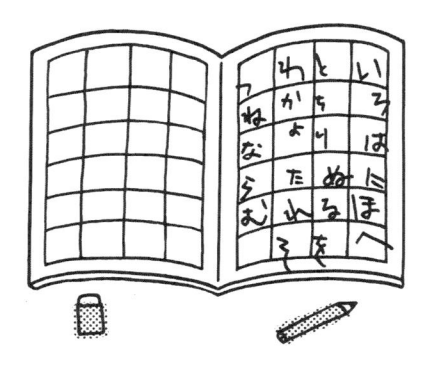

（事例2）相手が嫌がることを何度でも繰り返すため、トラブルの絶えない子ども。

担任の「困り感」を聞き、観察を続けていきました。この子はこだわりが強く、話すときにあまり目線が合わないことに気づきました。担任に伝えたことは、この子は相手の表情をくみ取ることが苦手で、俗にいう空気の読めない子だと思われますと伝えました。そこで、トラブル後の指導は叱ることではなく、子どもの表情を見させたり、相手の気持ちをわかりやすく教えたりするよう進めました。トラブルが減ったことで、この担任からも「そんな見方があるのですね」ということばをもらいました。その後も相談を受けるようになり、担任との信頼関係が深まりました。

どちらの事例も、発達障害の知識をもっていたことからできたアドバイスです。誰でもはじめから専門家になれるわけではありません。しかし、専門性を磨こうと努力していくことで少しずつ身につくものであり、何より通級に来る子どもたちがそれを教えてくれます。巡回するときも、常に担任の目線から一歩引いて子どもを見るように心がけていけば、きっと見えてくると思います。

3 学校体制として仕組んでいること

校内特別支援教育委員会の組織が充実していく工夫をしています。

「この学校の子どもは、この学校の全職員で育てる」これをモットーにした組織をつくっていくようにしています。担任が1人で抱え込まなければならないのではなく、生徒指導主事が1人で切り盛りするのではなく、全職員で支え合って組織的に子どもを支援していく体制をつくり上げようと努力しています。

次ページに、現在の学校での組織図を紹介します。

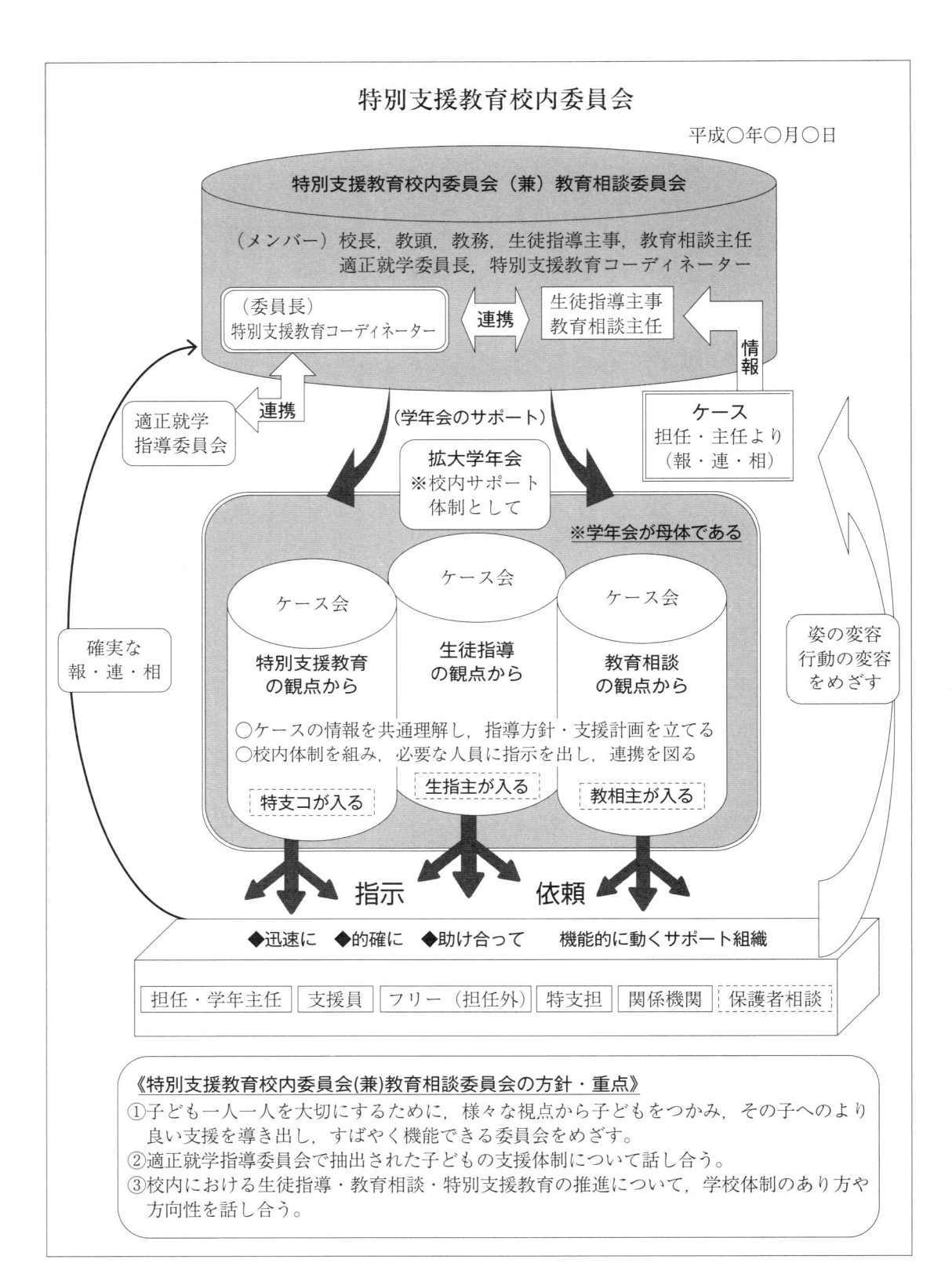

特別支援教育校内委員会

平成○年○月○日

特別支援教育校内委員会（兼）教育相談委員会

（メンバー）校長，教頭，教務，生徒指導主事，教育相談主任
適正就学委員長，特別支援教育コーディネーター

- （委員長）特別支援教育コーディネーター ⇔ 連携 ⇔ 生徒指導主事・教育相談主任
- ← 情報 ← ケース 担任・主任より（報・連・相）
- 適正就学指導委員会 — 連携
- 確実な報・連・相
- 姿の変容 行動の変容をめざす

拡大学年会 ※校内サポート体制として（学年会のサポート）
※学年会が母体である

- ケース会：特別支援教育の観点から（特支コが入る）
- ケース会：生徒指導の観点から（生指主が入る）
- ケース会：教育相談の観点から（教相主が入る）

○ケースの情報を共通理解し，指導方針・支援計画を立てる
○校内体制を組み，必要な人員に指示を出し，連携を図る

指示　依頼

◆迅速に　◆的確に　◆助け合って　機能的に動くサポート組織

| 担任・学年主任 | 支援員 | フリー（担任外） | 特支担 | 関係機関 | 保護者相談 |

《特別支援教育校内委員会(兼)教育相談委員会の方針・重点》
①子ども一人一人を大切にするために，様々な視点から子どもをつかみ，その子へのより良い支援を導き出し，すばやく機能できる委員会をめざす。
②適正就学指導委員会で抽出された子どもの支援体制について話し合う。
③校内における生徒指導・教育相談・特別支援教育の推進について，学校体制のあり方や方向性を話し合う。

先輩に学ぶ！

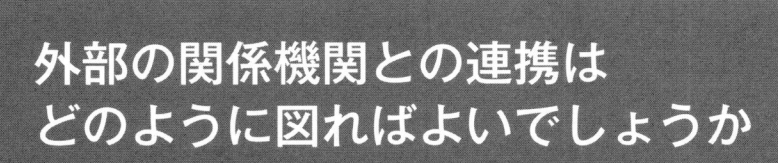

Q21 外部の関係機関との連携はどのように図ればよいでしょうか

公文眞由美

通級してくる子どもやその保護者が、「通級してよかった！」と、思える指導を行うには、一人一人を正しく理解し、何のために、どのように頑張ればいいのかを具体的に支援することが大切です。そのためには、幼稚園や保育園、高等学校などの義務教育前後の教育機関だけでなく、医療・保健・福祉の機関など、様々な分野の専門家と連携し、協働することが有効です。外部の関係機関との連携は、学校から正式に依頼をするといったフォーマルな関係づくりも大切ですが、子どもの受診に同伴するなど子どもを通しての出会いや研修会などでの出会い、様々な機会を通じて、関係機関の方々と顔見知りになることはもっと大切です。顔の見える関係づくりが進めば、連携がとてもスムーズになりますし、通級担当自身が、自分の人材バンクという大きな財産をもつことにもつながります。

以上のことを基本に、3つのキーワード「気づき」「つながり」「はぐくむ」で外部の関係機関との連携を進めていきます。

1 自分の名刺をつくりましょう

関係づくりのために、まずは自分の名刺をつくりましょう。分野の異なる者が出会う際に名前と顔を覚えてもらうことは、とても大事です。出かける際には、名刺を持ち歩き、挨拶する際に渡す習慣を身につけましょう。

2 キーワード「気づき」

子どもの感じている困難さや、抱えている課題への気づきから通級に至るまでは、

・乳幼児期に気づきがあり、就学前に療育機関で支援を受けていたケース
・子どもの様子が気になり、市の就学相談を受けて通級を勧められたケース
・就学後、子どもの様子が気になり、担任や相談機関、病院を受診したケース

など様々です。保健所や小児科の先生方とも面識があり、通級についての理解があったことが、比較的スムーズに通級につながる要因になっていると思います。

3 キーワード「つながる」

それまで子どもたちが関係している医療や療育機関は言うまでもありませんが、多動性や衝動性が高く、本人だけではなくまわりも困っている場合など通級指導だけでは改善が困難な場合に、医療機関を勧めることがあります。また、通級担当への助言や保護者へのサポートをお願いする場合もあります。そのために、地域で利用できる様々なリソースやその役割を知っておくことが大切です。

連携の事例1

Aさんは、通級指導教室内に設置された「すくすく発達相談教室」で、就学前に発達の課題を指摘され、療育機関に通っていました。就学と同時に通級にも通いはじめました。保護者の不安も大きかったのですが、通級指導教室でのペアレント・トレーニングを受け、関わり方の工夫で家庭生活が落ち着いてきました。しかし、学校ではルールの理解が難しくトラブルが続いていました。そこで、小児科医師や臨床心理士、教員が協働で行っている「ADHD児のための夏期集中プログラム」に参加し、学校での行動も改善しました。そこでもらった金メダルは、今でもAさんの宝物になっています。

連携の事例2

Bさんは、不登校気味で、児童相談所に紹介されて通級することになりました。Bさんは、一人遊びが多く一方的な話しぶりで、知識は豊富ですが文字が形にならず書くことは大の苦手です。グループで学習するには困難が大きかったので、個別の学習を中心に1学期間指導しました。時には大声で怒鳴ることもあり、発達の課題だけではなく、それまでの環境が複雑に絡み合って、不登校傾向などの二次的な課題が見られるようでした。Bさんの衝動的な部分を改善するには本人の努力だけでは難しいと考え、医療機関にも紹介しました。薬の服用をするようになり、その後少しずつ落ち着いて学習に臨むことができるようになりました。中学校でも継続して通級し、保護者自身がスクールカウンセラーや県の発達障害支援センターへの積極的な相談を行い、関係機関と連携しながら将来を見据えた進路を検討中です。

4 キーワード「はぐくむ」

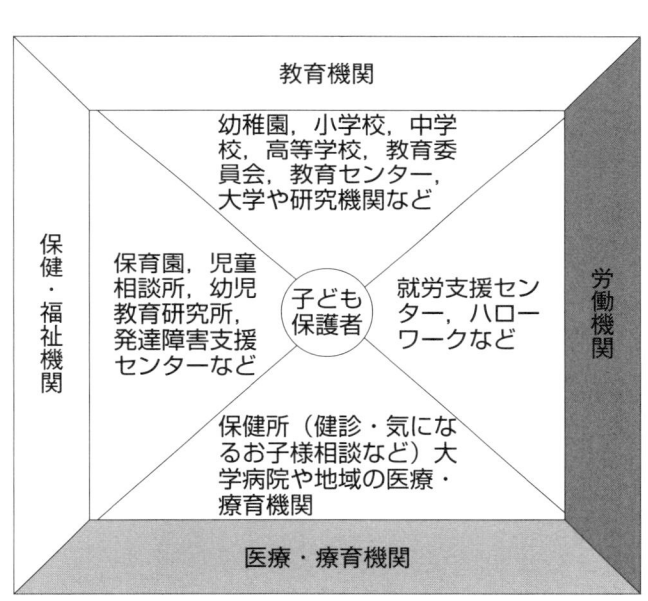

前述の2つの例にもあるように、子どもが自分の苦手さに気づき、改善しようと努力し集団に適応できるようになるには、様々な機関が連携した支援が有効です。その際ポイントとなるのは、関係機関が一貫して子ども自身の成長についての肯定的な評価を行い、自尊感情を高めていくことが「はぐくむ」につながると思います。

互いの専門性を生かしながら、異なる分野の者同士が協働して子どもを地域ではぐくんでいく。

連携することで、より豊かな充実した支援ができれば、子どもや保護者にとっても未来が明るいものになっていくのではないでしょうか。

```
                    教育機関
        ┌─────────────────────────────┐
        │     幼稚園，小学校，中学     │
        │     校，高等学校，教育委     │
        │     員会，教育センター，     │
        │     大学や研究機関など       │
 保              ╲                 ╱       労
 健    保育園，児童    ┌────┐  就労支援セン  働
 ・    相談所，幼児    │子ども│  ター，ハロー  機
 福    教育研究所，    │保護者│  ワークなど    関
 祉    発達障害支援    └────┘                
 機    センターなど                           
 関              ╱                 ╲         
        │     保健所（健診・気にな     │
        │     るお子様相談など）大     │
        │     学病院や地域の医療・     │
        │     療育機関                 │
        └─────────────────────────────┘
                   医療・療育機関
```

地域の関係機関

先輩に学ぶ！

Q22 地域の小・中学校への支援はどのように進めたらよいでしょうか

日野久美子

1 他校通級の子ども支援から

在籍する子どもの障害種に応じて、特別支援学級が設置されている学校もたくさんあります。このような学校ではその支援学級在籍の子どもをはじめ、その学校のいろいろな子どもへの特別支援教育の核になるのが、この特別支援学級でしょう。また、広域の特別支援教育の核として、センター的役割を担う特別支援学校の役割も大きくなってきました。

では、通級指導教室はどうでしょう。教室数は増えてきていますが、まだすべての学校に設置されているわけではありません。したがって、それぞれの教室が自校通級だけでなく、地域の他校通級の子どもも多数受け入れていると思います。このように考えると、通級している子どもへの指導をもとに、地域支援につなげていくことは、様々あると思います。

2 在籍校への支援

他校通級の子どもの在籍校との連携は、そのままその学校への支援につながっていきます。通級する子の多くは、程度の差はあっても、学校不適応の状態があるために通級指導を受けています。この不適応を適応へと向かわせていくために行っていく通級指導や支援・配慮を、各在籍学級・校へと広げていくことは、そのままその学校への支援になります。

例えば、学期末の「通知表」等を届ける際は直接在籍校を訪問し、子どもの変容を管理職に伝えるようにしています。すると、その子への理解や支援がきっかけとなり、同じようなタイプの他の子どもへの理解や支援へと広がっていくことも、よく経験することです。子どもの特性に応じた日頃の宿題の出し方や、修学旅行などの行事での具体的な配慮事項を伝えていくことが、その学校での他の子どもへの実践的な支援につながっていくこともあります。

3 事例研究会や校内研修会

通級担当は、地域のいろいろな学校が特別支援教育の研修を行う際に、通級している子どもの校内事例研究会に参加したり、

118

同じような特性をもつ子どもについての研修会に講師として呼ばれたりすることもあるでしょう。このようなとき、日頃の指導を通してその学校の状況や地域性を理解しているというのが、通級担当の強みだと思います。

特別支援教育の広がりと共に、発達障害への理解も深まってきたようです。しかし、各教師の出会う子どもやそれまでの教職経験の違いによって、必ずしも同じような理解や支援が行われているとは限りません。そんな中で、その学校から通級してくる子どもの特性や困っている場面を例に挙げ、その背景を分析すると共に、よりよい対応を伝えていくことは、教師にとってとてもわかりやすいと思います。

単に障害名（定義）と一般的な対応を伝えるだけでなく、担当自身が実際に体験した具体的な子どもの行動や表情、つぶやきなどにも触れながら伝えていくと、より関心が高くなります。「LD児の疑似体験」などを取り入れ、「子どもの『困り感』やそのときの感情」を、教師自身が体験したうえで、担任している子どもへの支援や配慮を考えていく研修は大変好評です。

4 地域の通級指導教室担当とつながる

通級指導教室が1つの学校に1教室の設置でも、地域として見ると徐々に教室数も増えてきているところも多いでしょう。これらの教室の担当が連携して、その地域の啓発研修を行う場合もあります。

日頃から通級指導教室の指導者としての力量を維持したり高めたりすることは、とても大切なことです。それと共に、通級してくる子どもたちの状況からその地域の特別支援教育のニーズをとらえて啓発を行っていくことも必要だと思います。まずは、地域の通級担当同士が、日頃から一緒に指導内容や指導方法等についての情報交換を行っていくことで地域のニーズが見えてくると思います。

5 地域の特別支援教育の核として

通級担当になると、たとえ経験は浅くても、「発達障害児教育の専門家」と見られることもあります。確かに毎日の指導で関わる子どもたちは、発達障害等の特性をもっていますが、通級担当は、はじめから専門家ではありません。しかし、だからこそ、通級担当として「謙虚に子どもと関わっていく」姿勢を具体的に示しながら、地域の学校への支援を考えていくことに大きな意味があると思います。

在籍校への支援と共に、地域性をふまえたこれらの通級担当の取り組みは、その地域の特別支援教育の核として頼りにされる、身近な存在になるのではないかと思います。

【通級担当としてやりがいを感じるとき・2】
子どもたちの人生に寄り添う

◆**生きづらさを感じている子どもたちの人生に寄り添う**

　通級に通っている子どもたちは，学校の集団生活上の悩みや葛藤を抱えています。「なんで僕ばかり叱られるの」「どうしてうまくできないのか」「自分はいったい何者なのか」という様々な悩みの声から，生きづらさを感じていることがわかります。私は，通級担当として，まずは，生きづらさを感じている子どもたちの「気持ち」に寄り添い，子どもたちの「ことば・声」を聴くようにしています。そのために，指導内容は，集団適応をめざしたものだけに留まらず，自分の気持ちをことばで表現できるような感情認知の課題や，自分の特性を適切に理解できるような自己理解の課題等を取り入れて工夫しています。通級担当として，彼らの困難や悩みをすぐに解決することはできなくても，彼らの「ことば・声」を聴き，彼らの「心のひだに触れる」ことで，彼らの「人生に寄り添い」ながら，一緒に考え，一緒に悩み，一緒に学び合っていくことを心がけています。

◆**子どもたち自身が教科書**

　私は，通級指導の中で，子どもたちに「通級には教科書はありません。あなたたちが教科書です。あなたたちがこれから生活していくうえで必要な力は何か，どんなことを学習するといいかを，担任の先生や保護者の方々，あなたたち本人と一緒に考えて，通級での学習内容を決めています」と伝えています。子どもたちの反応は様々ですが，子どもたちの中からは，「私は，女の子同士の関係が難しいから，女の子同士の人間関係を勉強したい」「僕は，空気が読めないってよく言われるから，どうしたらいいのか知りたい」等の声が上がることもあり，こういった「子ども自身の声」は，アセスメントや今後の指導に貴重な情報となります。

　通級担当として，一人ひとりの「特性」や「ニーズ」を把握していく「アセスメント（実態把握）」は，大きなやりがいとなっています。また，日々の指導にて，目の前の子どもたちにとって「今」何が必要なのかを，常日頃から考えて行うことこそ，通級指導の醍醐味と言えます。

◆**通級担当は「縁の下の力持ち」「黒子」**

　通級には，毎日は通えません。特別な場で特別な指導を行っている通級の指導効果は，他の6日間により評価されます。「学校は嫌いだけど，通級は好き」「毎日，通級に通いたい」という子どもの声は，通級担当としてはうれしくとも，それで満足してはいけません。あくまで，「縁の下の力持ち」「黒子」としての「後方支援の役割」を全うすることを心がけています。私のまわりでは，この通好みの喜びを感じることができる人ほど，通級担当としての仕事を長く続けています。

（岡田克己）

通常の学級や特別支援学級との違い

◆「通級による指導」と通常の学級との違いは

　通常の学級には様々な子どもが在籍し，担任が一斉指導の中で個に合った指導・支援をしています。しかし，一斉の教育課程だけでは学びきれないことも生じてきます。そこで，通常の学級に在籍しながら，通級による指導を活用することが考えられます。「生きるために必要な力」，つまり「自立に必要な力」をその特性に合った方法で身につけさせる指導ができる場所だと考えています。どのような関わり方・学び方だと「わかるのか」「できるのか」を，通級指導教室の担当が指導していく中で把握したことを担任や保護者と共通理解し，在籍学級や家庭においても生かしていくことが，学びを保障していくことにもなると思います。

　つまり，通常の学級での活動や学びを保障するために在籍学級の担任と共に課題をつかみ，連続的な指導ができることが必要であると思っています。しかし，まだまだ実践が少ないのでどうやって連続的な指導になるのかは，今後の課題かもしれません。

　そのために，取り出してどんな指導をするのか，活動内容を担任や保護者にわかりやすく説明する必要もあると考えています。私は「特別支援学校学習指導要領解説　自立活動編」を使って，担任に指導している内容を伝えるようにしています。また，限られた時間の中で教科の補充を行うために，どこまでできていてどこができていないのかを共通理解して，担任と一緒に目標を立てるように心がけています。

　しかし，課題もあります。「通級指導教室」の多くは，現在どの学校にもないのが現状です。通級指導教室が設置されている学校の子どもを指導するだけでなく他校の子どもを指導する担当者は，限られた時間の中で他校の担任とも関わるので，できることには限界があります。校内の特別支援教育コーディネーターや市の教育委員会と連携して，子どもの学ぶ環境を少しでも整えられるように努力していくことが求められています。

◆「通級による指導」と特別支援学級との違いは

　特別支援学級は通級指導教室と同様，「特別な教育課程」を編成して指導することができ，知的障害や自閉症・情緒障害等の障害種によって学級が分けられています。知的に課題がある場合，指導の内容や量を変え，定着できるまで繰り返し指導することができます。また，「生きるために必要な力」，つまり「自立に必要な力」を子どもに合わせて指導することができます。また，集団の中で学びにくい子どもには小集団の中で学びながら，集団の適応をめざすため，通常の学級と"交流及び共同学習"することも大切であると言われています。

　通級による指導は，指導時間が年間35単位時間から280単位時間（ＬＤ及び，ＡＤＨＤの児童生徒は年間10単位時間から280単位時間）と決められているので，指導できる時間も週当たり1単位時間から8単位時間までと大変幅がありますが，子どもが在籍するのは通常の学級ですので，ほとんどが通常の学級で活動することになり，定員も決められていません。

　特別支援学級は1学級8人までと決められ，特別支援学級の担任が中心に指導をしていきます。交流学級（親学級等と呼び方は様々なようです）が決められ，特別支援学級の担任と交流学級の担任が連携して，ほぼ特別支援学級で学びながら，通常の学級の中でも学べるようになっています。また，障害種別によっての特別支援学級の特別な教育課程の編成の仕方は違っているはずですが，重複する場合もあり実際に在籍する子どもの実態から，違いをはっきりさせられないのも現状だと言えそうです。それは「ことばの教室」「まなびの教室」という名称からもわかるように「言語障害通級指導教室」「情緒障害通級指導教室」「学習障害等通級指導教室」というように通級指導教室も同様で，その地域によっても違うようです。

　もちろん，学ぶ場所は「学校」です。いろいろな能力の子どもが集まって，それぞれが関わりながら集団の中で学習や生活をすることで育っていくところであると思います。地域によっても違いがあるようですが，その子どものもっている力を伸ばすために，「教育」つまり教え育てるのに，一番よい方法や場所について考える必要があります。すべての子どもたちに，力に合った方法で力を伸ばせるようにするためにも，学び方に合わせた指導ができるよう，教師が力をつけなければならないと感じています。

　　　　　　　　　　　　　　　　　　　　　　　　　　　　　　　　　　　　（飯島知子）

おススメの書籍

＊価格は本書初版時のものです。

『これは便利！5段階表　自閉症スペクトラムの子どもが人とのかかわり方と感情のコントロールを学べる5段階表活用事例集』
・カーリ・ダン・ブロン／ミッツィ・カーティス著，柏木諒訳
・スペクトラム出版社
・2006年11月刊
・1575円（税込）
・「声の大きさ」「怒りの表現」などを5段階に分析し，さらに，その状態のときにどう対処したらいいか記載されています。感情が未分化な子どもたちに多様な感情やその表現方法，対処方法を考えさせるよい教材になります。

『特別支援教育　はじめのいっぽ！―個別の支援が今すぐ始められる』
・井上賞子／杉本陽子著，小林倫代監修
・学研
・2008年3月刊
・3150円（税込）
・毎日の国語と算数でつまずきやすい内容への支援教材が紹介されており，付属のCD-Rにそれらの教材がWordやExcelのまま多数収録されています。そのまますぐに使用することも，その子に合わせて加工することもできます。

『特別支援教育〈実践〉ソーシャルスキルマニュアル』
・上野一彦／岡田智編著
・明治図書
・2006年7月刊
・2625円（税込）
・「ソーシャルスキルトレーニング」の考え方や進め方，実際の具体例，評価の方法やスケールまで載っています。SSTに挑戦してみたいというときの入門書。発達段階やテーマから活動内容を選択することもできます。

『あたまと心で考えよう　SSTワークシート ―自己認知・コミュニケーションスキル編』
・LD発達相談センターかながわ編著
・かもがわ出版
・2010年8月刊
・1575円（税込）
・テーマごとに理解を助けるイラストと文章で，ワークシートがまとめられています。本編と同シリーズの社会的行動編，思春期編を合わせると，取り上げたいと思う内容のヒントになるワークシートが必ずあります。

通級指導教室の指導でおススメ教材

*価格は本書初版時のものです。

★アンゲーム

・㈱クリエーションアカデミー
・ボード版：1890円／ポケット版：1890円（ともに税込）
・使い方＆通級でのおススメポイント
　カードを引いた人がカードに書かれた質問に答え，他のメンバーは最後までその人の話を黙って聞くという活動です。最後まで聴いてもらえるという安心感と，その人の価値感に触れる質問で互いに深く知り合えます。

★KAPLA

・㈲アイ・ピー・エス
・2835円〜50400円（税込）
・使い方＆通級でのおススメポイント
　細長い白木の板を組み合わせていろいろな形ができる積み木。グループ活動で作品をつくると「貸して」「手伝って」「ありがとう」「○○したら」などのことばを使うチャンスがたくさんつくれます。

★100枚プリント

・葛西ことばのテーブル
・1050円〜1575円（税込）
・使い方＆通級でのおススメポイント
　ひらがな読みから小学校中学年程度の読解力の育成に役立つ教材が21種類あり，読みの苦手さに合わせて教材を選択できます。1冊100枚のプリントがあり，スモールステップで繰り返し練習することができます。

★100玉そろばん／20玉そろばん

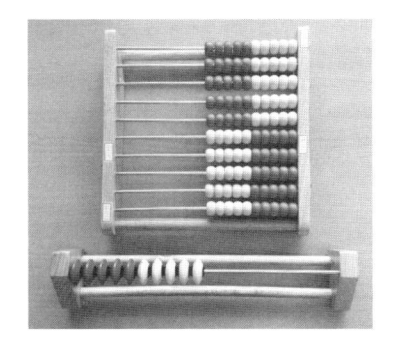

・トモエ算盤㈱
・ともに2625円（税込）
・使い方＆通級でのおススメポイント
　1ずつ，2飛び，5飛び，10ずつを手ではじきながら100まで数える。100→99→98…と逆に数える。10までの合成・分解の練習。使い方はいろいろです。数量感覚が苦手な子どもの味方です。

【編著者紹介】

笹森　洋樹（ささもり　ひろき）
国立特別支援教育総合研究所・総括研究員

大城　政之（おおしろ　まさゆき）
沖縄県教育庁・県立学校教育課主任指導主事

【執筆者紹介】 ＊50音順

飯島　知子	静岡県磐田市立磐田中部小学校
岡田　克己	神奈川県横浜市立左近山小学校
公文眞由美	福岡県久留米市立南薫小学校
古田島恵津子	新潟県長岡市立栃尾東小学校
小松　直樹	岐阜県各務原市立那加第三小学校
沼田　敦	埼玉県春日部市立牛島小学校
日野久美子	佐賀県佐賀市立勧興小学校
藤枝　靖人	愛媛県松山市立番町小学校
山下　公司	北海道札幌市立北九条小学校

［本文イラスト］浅葱ヨウコ

はじめての「通級指導教室」担当BOOK
Q&Aと先読みカレンダーで早わかり！
通級指導教室運営ガイド

2014年3月初版第1刷刊　Ⓒ編著者　笹　森　洋　樹
2015年6月初版第3刷刊　　　　　大　城　政　之
　　　　　　　　　　　　発行者　藤　原　久　雄
　　　　　　　　　　　　発行所　明治図書出版株式会社
　　　　　　　　　　　　　　　　http://www.meijitosho.co.jp
　　　　　　　　　　　（企画）佐藤智恵（校正）友人社・増渕説
　　　　　　　　　　　　〒114-0023　東京都北区滝野川7-46-1
　　　　　　　　　　　　振替00160-5-151318　電話03(5907)6704
　　　　　　　　　　　　　　ご注文窓口　電話03(5907)6668
＊検印省略　　　　　　　組版所　長野印刷商工株式会社
本書の無断コピーは、著作権・出版権にふれます。ご注意ください。

Printed in Japan　　　　　　　ISBN978-4-18-108416-5

特別支援教育 ケースで学ぶ！
保護者とのいい関係づくり

【0583・A5判・2160円＋税】

吉本 裕子 編著

ちょっと気になる子がクラスにいたら，親にどう伝えますか？ 子どものやりにくさについて親から相談があったら，何と答えますか？ 保護者との関係に悩む若い先生のために，保護者とチームを組んで子どもを育むための術を10の鉄則と29のケースにまとめました。

もくじ

- 第1章　知っておきたい！保護者対応の心構え
- 第2章　ここが重要！保護者対応への鉄則10
- 第3章　ケースで学ぶ！困っている子の親との連携ポイント
  - ケース1　教育相談や通級による指導をすすめてもなかなか気がすすまない親
  - ケース2　習い事はよくでき，学校での離席や教室飛び出しが信じられない親
  - ケース3　できないのは学校のせい！ととりあってくれない親　他

特別支援教育の視点で授業改善！
…通常の学級で生きる指導アイデア＆授業者支援…

【0573・B5判・2000円＋税】

吉本 裕子 編／小平市立鈴木小学校 著

授業の流れをホワイトボードに記入したら，授業の構成と配分がしやすくなりました。
指導案に視覚・聴覚・運動感覚的手立てを持ち込めば，一人ひとりの子どもを深く見取れるようになりました。
通常の学級に特別支援教育の視点を取り入れれば明日から授業が変わります！

もくじ

- 第1章　特別支援教育で変わる！10の挑戦
- 第2章　特別支援教育の視点でできる指導アイデア
  - 1 マジックノートの活用／2 話し方・聞き方名人になろう　他
- 第3章　明日からの授業をイキイキさせる！授業＆授業者支援
  - 【体育】1年 表現リズム遊び「表現遊び」「リズム遊び」　他
  - 【国語】2年 友達にわかるように話そう「あったらいいな，こんなもの」　他

明治図書　携帯・スマートフォンからは **明治図書ONLINE** へ　書籍の検索、注文ができます。▶▶▶

http://www.meijitosho.co.jp　＊併記4桁の図書番号（英数字）でHP、携帯での検索・注文が簡単に行えます。

〒114-0023　東京都北区滝野川7-46-1　ご注文窓口　TEL 03-5907-6668　FAX 050-3156-2790

＊価格は全て本体価格表示です。

【改訂版】特別支援教育基本用語100
解説とここが知りたい・聞きたいQ&A

1085・A5判・2100円+税

上野一彦・緒方明子・柘植雅義・松村茂治・小林　玄　編

特別支援教育からインクルーシブ教育の時代へ！
すべての教師が，広く深く理解するために，基本用語を教育だけでなく心理学，医学，福祉の関連領域まで広げ，用語を厳選するとともに，教師が日常的に接することの多い大切な質問を選びやさしく解説した。

デキる「特別支援教育コーディネーター」になるための30レッスン&ワークショップ事例集

1087・B5判・2060円+税

小野寺基史・青山眞二・五十嵐靖夫　編著

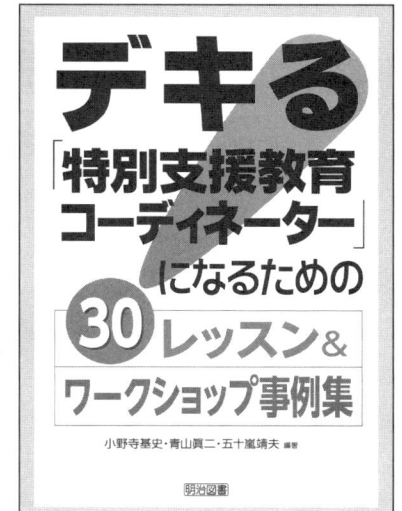

特別支援教育コーディネーター担当の先生向けのステップアップ書！
特別支援教育コーディネーターには求められる３つの要素があります。①連絡調整，②児童や保護者理解，③適切な教育実践　です。そのためのちょっとしたコツなどを解説。またワークショップ・事例，Q&Aを通して具体的事例を学べるように配慮しました。

明治図書　携帯・スマートフォンからは　明治図書ONLINEへ　書籍の検索、注文ができます。
http://www.meijitosho.co.jp　＊併記4桁の図書番号（英数字）でHP、携帯での検索・注文が簡単に行えます。
〒114-0023　東京都北区滝野川7-46-1　ご注文窓口　TEL 03-5907-6668　FAX 050-3156-2790

＊価格は全て本体価格表示です。

好評シリーズ

<特別支援教育>
学びと育ちのサポートワーク

1 文字への準備・チャレンジ編

●加藤　博之著　　0874　B5判・120ページ／本体2060円+税

文字学習開始期のスモールステップな学習ワーク集。つまずく子どもへの手立てや関連した学習活動等、詳しい解説付き。

<内容> 線なぞり・点結び／迷路／ぬり絵／簡単な形の模写／絵画完成／形・絵のマッチング／仲間集め／文字を探す／他全86ワーク

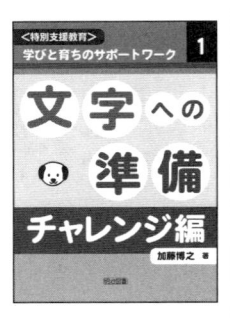

2 かずへの準備・チャレンジ編

●加藤　博之著　　0875　B5判・118ページ／本体2060円+税

かず学習開始期のスモールステップな学習ワーク集。つまずきやすい課題は特に少しずつ変化させた多彩なワークを収録。

<内容> いろいろな線に親しむ／同じ形をさがす／ぬり絵／模写ワーク／形の順番の迷路／大きさを比べる／一対一対応／他全81ワーク

3 国語「書く力,考える力」の基礎力アップ編

●加藤　博之著　　0876　B5判・130ページ／本体2200円+税

国語学習の基礎的な書く力、考える力を育てる学習ワーク集。知識の獲得や増大だけでなく、イメージする力を育てます。

<内容> カタカナで書こう／どこかたりないね／しりとりを作ろう／ことばの仲間集め／文を完成させよう／反対ことば／他全85ワーク

4 算数「操作して,解く力」の基礎力アップ編

●加藤　博之著　　0877　B5判・128ページ／本体2260円+税

算数学習につまずきのある子のためのスモールステップな学習ワーク集。算数の初期学習でつまずきがちな10の領域で構成。

<内容> 数の合成・分解／いろいろな文章題／絵をかいて考えよう／お金の計算／いろいろな数え方／形に慣れよう／線の長さ／他全85ワーク

明治図書　　携帯からは**明治図書MOBILE**へ　書籍の検索、注文ができます。
http://www.meijitosho.co.jp　＊併記4桁の図書番号（英数字）でHP、携帯での検索・注文が簡単に行えます。
〒114-0023　東京都北区滝野川7-46-1　ご注文窓口　TEL (03)5907-6668　FAX (050)3156-2790

＊価格はすべて本体価格表示です。